JN297656

Visual Guidance for
Psychoanalysis

ヴィジュアル

精神分析ガイダンス
図 解 に よ る 基 本 エ ッ セ ン ス

長尾　博
Nagao Hiroshi

創元社

まえがき

　この本は、「精神分析」という言葉に関心がある方、あるいはカウンセリングや心理療法を始めたばかりの臨床家や中堅臨床家に向けて、「精神分析療法とは何か」「精神分析的心理療法とはどのようなことをするのか」についてわかりやすく説いて、ヴィジュアル要素をつかってイメージ豊かに理解してもらおうとしたものです。

　精神分析を創始したジグムント・フロイトが生誕してから150年以上が過ぎていますが、現代においても、フロイトの果たす臨床的貢献は大きいといえましょう。たとえば、私どもの性格や対人関係のありかた、あるいは行動特性の背景にある、無意識世界にある欲動の強さや、幼児期の親子関係のありかたの影響力を唱えたことがあげられます。
　今日においては、心理療法各流派のなかで、精神分析療法あるいは精神分析的心理療法は、かつてほど隆盛を極めているとは言い難い、というのが正直なところかもしれません。もしかすると、その理由としては、次のようなことがあげられるのでしょうか。
　(1)用語がわかりにくい。(2)この療法を受けるためには高額なお金や時間がかかる。(3)わが国の国民性として「自分を知る」ということについてなじみがない。(4)この流派の治療者は必ず「精神分析」を受けることになっており、その結果、治療者間の上下関係が形成されて固定したグループになりやすい。(5)この療法の理論や技法についての科学的根拠が乏しい。こうした点が特徴といえましょう。
　筆者自身も、30歳代までは日本精神分析学会に入会し、学会発表や研究論文も投稿していましたが、その関わりのなかで、残念ながら、精神分析概

念の難解さについて行けなかったことなどもあって、結局、学会を退会してしまいました。

　けれども筆者は今日まで心理臨床の経験を続け、オブザーバーとして、その後の精神分析の動向を見てきたつもりです。

　今日、「精神分析」についての入門書が数多く出版されていますけれど、"誰にでもわかりやすい入門書"は、そう多くはないように感じられます。そこでこの本を著わしてみました。

　この本では、「無意識の世界」という理解しにくい側面を取り扱う「精神分析」について、読者へわかりやすく説いたつもりです。その工夫は大きく三つあります。

①　図や表を用いて、視覚的に訴えてみました。

②　精神分析的な実践のうえで直面しやすい諸問題について、Ｑ＆Ａ形式で考えなおしてみました。

③　実証性の乏しさが指摘されがちな精神分析の領域での課題について、何点か、筆者なりに実証性に迫る研究をあげてみました。

　加えて、読者の皆さまが興味をもっていただけそうなコラムや、重要な用語の解説を、わかりやすくまとめています。

　この本が、新しく精神分析的心理療法を始める臨床心理士や精神科医方々、あるいは青年心理学を専攻する方々にとって臨床上においてあるいは研究活動において少しでもお役に立てたら幸いです。

　　　　　　　　　　　　　　　　　　　　　　　2013年　冬　長尾　博

推薦の辞

前田重治

　本書は、現代精神分析の理論と技法について、頭の整理に役立つように簡明に書かれた本で、三つの特徴がある。

　第一は、精神分析を創始したフロイトの原点がきちんと押さえられていること。そのうえで、今日までに発展してきた六つの学派が紹介されている。その多彩な理論のポイントが、わかりやすいように数多くの図や表で完結に述べられている。

　第二は、「Q＆A」というかたちで、臨床的な事例をとおしてその理論や方法が具体的に述べられていること。

　第三に、今日重視されているエビデンス（客観的な証拠）の問題について、心理テストや調査による興味深い数値がいろいろと示されているのがユニークである。

第1部 図解でまなぶ理論

Chapter 1 精神分析のはじまり　8

　1　フロイトという生きかた 8
　2　フロイトが残してくれたもの 11

Chapter 2 精神分析とは？　13

　1　精神分析療法のねらい 13
　2　どのように始めるか 14
　3　どのように進めてゆくか 17
　4　むずかしいプロセス 18

Chapter 3 精神分析の考えかた　21

　1　力動－構造論 22
　2　力動－経済論 23
　3　不安－防衛論 25
　4　生成－分析論 27
　5　発生－発達論 27
　6　自己愛論 30
　7　まとめ 30

Chapter4 精神分析の展開 32

 おおきな流れ ………………………………………………………… 32
 1 対人関係論学派 ……………………………………………………… 36
 2 対象関係論学派 ……………………………………………………… 39
 3 中間学派 ……………………………………………………………… 47
 4 自我心理学派 ………………………………………………………… 52
 5 自己心理学派 ………………………………………………………… 57
 6 間主観性論学派 ……………………………………………………… 62

第2部 Q&Aで考える実践

 Q1 治療構造は必要か ………………………………………………… 73
 Q2 心の治療か環境調整か …………………………………………… 74
 Q3 隠れ身か破れ身か ………………………………………………… 77
 Q4 個人心理療法か集団心理療法か ………………………………… 81
 Q5 長期療法か短期療法か …………………………………………… 83
 Q6 欲求を満たしてあげるか直視させるか ………………………… 86
 Q7 ことば、イメージ、夢、行動をどのようにとらえるか ……… 89

第3部 エビデンスからさぐる心の深層

Chapter1 無意識と科学性について 94

 1 臨床心理学における科学 …………………………………………… 94
 2 精神分析における実証的研究 ……………………………………… 95

3　無意識について ……………………………………………………… 96

Chapter2　現代青年の心の深層　99

- テーマ①　現代青年は青年期の危機に直面しているのか ……………… 99
- テーマ②　新しい自我強度尺度作成の試み ……………………………… 103
- テーマ③　フロイトの幼児期決定論は正しいのか ……………………… 106
- テーマ④　ピア・カウンセリングで転移／逆転移は生じるか ………… 111
- テーマ⑤　前思春期のChumの有無は青年期を決定づけるのか ……… 115
- テーマ⑥　エディプス／エレクトラコンプレックスは潜在しているか … 118
- テーマ⑦　ロールシャッハカードからみた
  父親イメージと母親イメージ ……………………………… 121
- テーマ⑧　ヒステリー特性をもつ青年女子の夢内容 …………………… 124
- テーマ⑨　第3部の結果からとらえた現代青年の心 …………………… 128

あとがき　131
用語解説　133
参考文献　142
索引　149

コラム一覧

- **コラム①**　母性とは何か　102
- **コラム②**　アンナ・Oのケース　106
- **コラム③**　古澤平作　110
- **コラム④**　フロイトとユングの違い　114
- **コラム⑤**　小此木啓吾　117
- **コラム⑥**　ジェンダー論の先駆者ホルネイ　123
- **コラム⑦**　土居健郎　127
- **コラム⑧**　現代の対人関係の問題：山あらしジレンマ　129

カバー・本文イラスト　野津あき

第1部
図解でまなぶ理論

Chapter 1

精神分析のはじまり

1
フロイトという生きかた

　精神分析療法psychoanalysisは、ジグムント・フロイト（Freud, S.）によって創始された心理療法psychotherapyです。

生まれた家庭
　フロイトは1856年に、チェコスロバキア領のモラビアでユダヤ商人である40歳の厳格な父親と20歳のやさしい母親との長男として出生しました。父親と母親とは、20歳も年齢差があり、父親の前妻の子ども、つまりフロイトにとっては異母きょうだいも多くいて、家族関係は複雑でしたが、フロイトは母親から溺愛されています。

表 | I-1-1 ▶

学校生活のなかで
　3歳時よりウィーンに移住し、ギムナジウム時代はおとなしい優等生でした。その後、法律を専攻するか、医学を専攻するかに迷ったあげく、医学部へ入学しました。大学四年生のとき、良き先輩であるブロイアー（Breuer, J.）と出会います。この頃、フロイトは、「汽車恐怖」や「心臓神経症」

フロイトの生涯	時	精神分析理論の展開
チェコスロバキアで40歳の父親と20歳の母親の長男として誕生	1856年	
ウィーンへ移住	1859年	
ギムナジウムで優等生だった	1866〜1873年	
ウィーン大学医学部へ入学	1873年	
ブロイアー・J. と知り合いになる	1877年	
ジグムント・フロイトと改名する	1878年	
医学部を卒業する	1881年	ⅰ）初期精神分析期 （1881〜1896年） ・無意識に注目する ・神経症の原因として幼児期の性的外傷体験をあげる
マルタ・B. と婚約をする	1882年	
パリのシャルコー・J. M. に学ぶ	1885年	
ウィーンで開業する マルタ・B. と結婚する	1886年	
フリース・W. と文通を始める	1887年	
ベルネーム・H. M. から催眠を学ぶ	1889年	
「自由連想法」を創案する	1892〜1893年	
ブロイアー・J. と「ヒステリー研究」を出版	1895年	
「精神分析」という語を用いる	1896年	
エディプスコンプレックスを発見	1897年	ⅱ）前期精神分析期 （1897〜1920年）
「夢判断」を出版する	1900年	
精神分析の研究会を始める	1902年	
アメリカのクラーク大学で講演をする	1909年	
国際精神分析協会（IPA）を設立する	1910年	
口腔内の癌の手術をする	1923年	ⅲ）後期精神分析期 （1920〜1939年）
ロンドンに亡命する	1938年	
死去	1939年	

表 Ⅰ-1-1　フロイトの生涯と精神分析理論の展開

などに悩む青年期を過ごしています。しかし、成績は優秀でした。

仕事を続けていくなかで

卒業後、マルタ（Marta, B.）にひと目惚れし、彼女と400通もの文通を行い婚約をします。その後、ウィーンの総合病院に勤務し、パリにいるシャルコー（Charcott, J.M.）から神経学を学びます。

1886年に個人開業を始め、その後、53年間、臨床家としてのアイデンティティを確保していきます。同年には、マルタと結婚しています。フロイトが、大学に残らず開業医になった理由のひとつとして、ユダヤ人であったことがあげられます。

その後、耳鼻科医のフリース（Fliess, W.）と「自己分析」のために、ふたりだけの会合や文通を3年間も続けています。この経験と父親の死がきっかけとなって《エディプスコンプレックス oedipus complex》を発見し、それを神経症 neurosis の原因論まで展開していきます。

この頃、《夢判断》に夢中になり、ユング（Jung, C.G.）やアドラー（Adler, A.）など、後に著名となっていく弟子たちで構成される精神分析療法の研究会を始めます。そしてこのことによって、フロイトの名や精神分析療法の名は、広く知られるようになり、1909年には、フロイトはアメリカのクラーク大学で記念講演をおこなっています。

最後まで臨床経験を

67歳を迎えたとき、口腔内に癌が見つかって、以後30数回に及ぶ手術を受けています。

1933年にはヒトラーが政権をとり、1938年に、娘のアンナ・フロイト（Freud, A.）とともにロンドンへ亡命します。その後も臨床経験を続けながら、癌と闘ってきましたが、

1939年に83歳の生涯を閉じています。

その人となり

フロイトは、どのような人物だったのでしょうか。

このことについては多くの説がありますが、彼の生きざまから、知的、几帳面、頑固、精力的、執念深さ、まじめさがうかがえます。

◀ I-1-1 |表

そして、多弁で権威主義的な面もあったといわれています。酒を好まず、タバコと読書を好み、音楽には関心はなく、愛犬を可愛がったといいます。

また、フロイトは、「人生とは働くこと愛すること」と述べているように、家庭では良き夫、良き父親であったといわれています。

2
フロイトが残してくれたもの

フロイトの業績に関しては、三期に分けられます。

◀ I-1-1 |表

初　期

［初期］においては、《ヒステリー hysteria》に関する研究が中心であり、その原因として「無意識の動因」、とくに"性欲"についてを強調しています。

前　期

次の［前期］においては、《神経症》の原因として"エディプスコンプレックス"をあげて、このことをもとに「幼児性欲論」を提唱しています。また、心的エネルギーである"リビドー libido"が、自己から他者へ発達していく独自

の「自己愛 narcissism」論を展開しています。同時に彼独自の「夢分析 dream analysis」もおこなっています。

後　期

その後、[後期] においては、心の構造論である《自我 ego》－《超自我 superego》（上位自我ともいう）－《エス es》（イドともいう）の各領域の発達と、その機能をあげて、「自我の確立」や「快感原則 pleasure principle から現実原則 reality principle への転換」の重視、および無意識世界にある"生の本能 eros"と"死の本能 thanatos"の提唱、ひいては彼独自の芸術論や宗教論も展開しています。

フロイトの生涯にわたる業績は、フロイト全集にまとめあげられています。彼の業績の主な特徴をまとめておきましょう。彼が、20世紀の天才といわれるゆえんはこのような点にあります。

表 | I-1-2 ▶

---

(1) 無意識世界に潜む生と死の本能の存在を提案した
(2) 幼児期の親子関係のあり方が，心の発達や人生において大きな影響を与えることを取りあげた
(3) 男と女の性の違いや性欲の表現のあり方が，人生や適応（adjustment）に大きな影響を及ぼしていることを取りあげた

【注】　適応とは，ヒトが環境条件の変化に対応して，自らの行動を調整，変化させて，自己を存続あるいは発展させ，環境との関係が調和的になることをいう。

表　I-1-2　フロイトの業績の特徴

2 Chapter

精神分析とは？

1
精神分析療法のねらい

　精神分析とはどのような定義ができるのでしょうか。
《精神分析》《精神分析療法psychoanalysis》《精神分析的心理療法psychoanalytical psychotherapy》の定義をまとめておきます。

◀ I -2-1 | 表

　フロイトに始まった《精神分析療法》はその弟子たちによって理論や実践が分派されて、《精神分析的心理療法》へと展開していきました。

　今日、わが国では、このような定義における《精神分析療法》をおこなっている臨床家は少なく、ほとんどが《精神分析的心理療法》をおこなっています。しかも当初は精神科医が主でしたが、最近では臨床心理士が増えています。

　なお、《精神分析的心理療法》の対象については、初期には健常者や神経症の者が主でしたが、今日では、〈パーソナリティ障害personality disorder〉、〈心身症psychosomatic disease〉、あるいは〈精神病psychosis〉にまで、その範囲は広がっています。

　《精神分析療法》のねらいは、クライエントの心の問題(症

名　称	定　義
精神分析 （psychoanalysis）	心的現象の無意識的意味の解明方法 精神分析療法のこと 精神分析理論のこと（小此木，1985）
精神分析療法 （psychoanalysis）	(1)ヒトの思考・行動が無意識的動機に大きく規程されること，(2)その動機は，幼児期体験に起源をもつこと，(3)治療に際しては，解釈による抵抗や転移の操作が必要なこと，(4)不安がヒトの心理の動因になることの4点を認める心理療法（西園，2001）。 1週間に4回以上，カウチを用いた自由連想法による心理療法のことをいう（国際精神分析協会）。
精神分析的心理療法 （psychoanalytical psychotherapy） 力動的心理療法 （psychodynamic psychotherapy）	精神分析療法の方法，仮説，理論を基礎とした心理療法，精神分析療法を修正，変更，工夫した心理療法（鑪，1998）。 ヒトの心的現象を生物・心理・社会的な諸力による因果関係の結果として了解していくことから力動的心理療法ともいう。

表 I-2-1　精神分析療法と精神分析的心理療法の定義

状）の原因について、とくに「無意識」世界にある内容をクライエントの「生育史」を通して"洞察insight"させることにあります。

2
どのように始めるか

表 | I-2-2 ▶　　その典型的な治療プロセスを示しておきます。

第1段階：まず治療契約をむすぶ
　まず"治療契約"とは、治療者therapistとクライエントclientとが《治療構造therapeutic structure》について打ち合わせて約束することです。

段階	内容
1	治療契約をする（治療構造をつくる）
2	治療同盟を形成する，その後，治療者は中立的態度からクライエントに自由連想法を行う
3	クライエントが自由な表現をする
4	クライエントが治療者に転移を示す
5	治療者がクライエントの問題についてを洞察していく
6	治療者がクライエントに転移解釈をする
7	クライエントに抵抗が生じる
8	治療者が徹底操作を行う
9	クライエントが問題の原因についてを洞察する

表 I-2-2 典型的な精神分析療法のプロセス

精神分析療法ではとくに《治療構造》というものを重視します。なぜそれを重視するのかについても、まとめておきましょう。

◀ I-2-3 ｜表
◀ I-2-4 ｜表

また、《治療同盟therapeutic alliance》とは、治療が長期に及ぶことが多いため"ラポールrapport"と"治療契約"を強化することをいいます。

第2段階：そして中立的態度でのぞむ

"治療契約"後、治療者は"中立的態度neutrality"で臨みます。"中立的態度"とは、治療者としての分別、つまり社会的倫理を守り、クライエントに特定の価値を押しつけない姿勢です。具体的には次のような点について留意します。

（1）クライエントに助言をしない。
（2）クライエントの転移感情（後述）を直接受け入れない。
（3）先入観をもってクライエントの話を聞かない。
（4）治療的・教育的押しつけをしない。

主な要因	説 明
(1) 治療者とクライエントの組み合わせ	同性どうしか，異性か，年齢の違い，治療者の臨床経験の程度など
(2) 面接室	面接室かクライエントの自宅か，また，広さ，明るさの程度、静かであるか騒がしいかなど
(3) 面接時間、面接回数	週何回か，1回の面接時間はどれくらいか，面接間隔はどうか
(4) 面接料金	有料か無料か，高額か低額か
(5) 秘密の保持	治療者が秘密保持について，きちんとクライエントに伝えているか，伝えていないか
(6) 禁欲原則	治療中にクライエントは人生における大きな決断、たとえば結婚、就職、入学などをしないこと，または，治療中に生じてきた欲求を治療者へ行動として向けないことを約束すること

表 I-2-3 治療構造について

- 治療構造を軽視すると転移と逆転移が生じやすくなる
- ヒトの心は，ある枠組みの中で見るととらえやすい
- 治療構造を軽視すると行動化が生じやすくなり，内面を見つめない治療に終わりやすい

表 I-2-4 治療構造の重要性

(5) クライエントのある特定の時期のみを想起させない。

したがって治療者は、クライエントにとっては、キュービー (Kubie, L.S.: 1950) のいう「隠れ身 incognito」となり、具体的な人物像をクライエントへ示さず、クライエントはみずからを表現・探求できます。そして治療者自身は、みずからの人間的弱点をクライエントに晒さなくてすむことになるのです。

3
どのように進めてゆくか

この"中立的態度"から治療プロセスが進んでゆきます。

第3段階：自由連想をする

フロイトが創案した《自由連想法 free association》を実施します。この方法は、クライエントを寝椅子（カウチ couch）に仰臥させ、治療者が寝椅子の後方にすわり、「何でも頭に浮かんだものを話してください」と教示してクライエントに連想させる方法です。

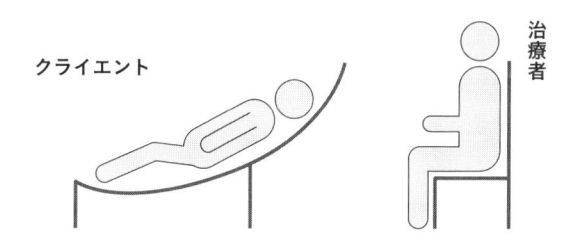

◀ I-2-A 図 ✣

図 I-2-A　自由連想法の配置

第4段階：転移そして逆転移が生じる

"転移 transference"は、精神分析療法における重要なキーワードです。"転移"とは、治療過程でクライエントが、過去の両親に対する感情や態度を治療者に移す状況のことです。

◀ I-2-B 図 ✣

そして"転移"には、治療者へ友好的感情をともなう〈陽性転移〉と、攻撃的・敵対的感情をともなう〈陰性転移〉とがあります。

一方、"逆転移 counter transference"とは、治療者の過去

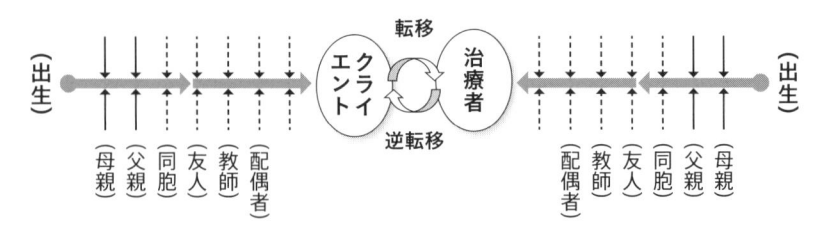

図 Ⅰ-2-B　転移と逆転移の相互作用（前田，1985）

の経験が、治療の場やクライエントとの関係の性質によって揺り動かされ、統制がつかなくなり、自分の内的欲求によってクライエントへ反応してしまう状況のことです。

第5段階：問題の本質が洞察される

この"逆転移"によって、次の第5段階に進むことができます。つまり、治療者自身がクライエントとの関係で感じる内容をヒントに、クライエントの問題の本質を、治療者が《洞察》していくことに連なるのです。

4
むずかしいプロセス

表 Ⅰ-2-2 ▶　第6段階の《解釈interpretation》は、精神分析療法の技法のなかでも難しい技法です。

第6段階：転移を解釈する

《解釈》とは、治療者がクライエントの無意識世界について理解したことをことばで表現する営みです。解釈内容は、クライエントが自分で対処、受容ができるものでなくてはなりません。また、《解釈》をおこなうタイミング、深さ、

種　類	内　容
発生論的解釈	クライエントの今の感情，考え，葛藤，行動などをクライエントの過去の状況と関連づけさせる
力動的解釈	クライエントの問題や主訴の中核的な葛藤を明らかにする
抵抗解釈	クライエントが治療中に示す面接の進行を妨げる防衛的な態度や行動を明らかにする
転移解釈	治療者に示す態度や行動をクライエントの過去における親への態度や行動と関連づけさせる
内容解釈	クライエントの無意識世界にある思考，観念，願望を明らかにする

表 I-2-5　解釈の種類

量の配慮が必要です。

　ここでは〈転移解釈〉が中心となります。　　　　　◀ I-2-5 │表

抵抗を解釈する

　ところが〈転移解釈〉をおこなっても、一般にクライエントは、"転移"について容易には《洞察》できません。このことを"抵抗 resistance"と呼びます。"抵抗"とは、治療過程で無意識の到達を妨げるようなクライエントの言動を意味します。

　この"抵抗"にも、いくつかの種類のものがあります。　◀ I-2-6 │表
そこで治療者は、これらの"抵抗"をクライエントに対して《解釈》し、クライエントが自身の内的な側面を《洞察》するのをうながそうとします。

　クライエントとのラポールが十分でき、クライエントの治療意欲が強ければ、最終段階のクライエントによる問題の原因についての《洞察》は可能です。

抵抗をくりかえし解釈する

　しかし一般には、第7段階の"抵抗"は強く、そのため　◀ I-2-2 │表
治療者はクライエントの"抵抗"をくり返し《解釈》し、

種　類	内　容
抑圧抵抗	意識すると苦痛がもたらされるために無意識的衝動（欲求）を再抑圧すること
転移抵抗	転移についての洞察を回避したり否認したりすること
疾病利得抵抗	症状を強化，再発して何らかの利得を示すこと
反復強迫抵抗	本能衝動にもとづく言動や症状をくり返し示して治療へ抵抗すること
超自我抵抗	無意識的罪悪感や懲罰欲求を示して治療へ抵抗すること

表 I-2-6　抵抗の種類

そこではかなりの時間や労力を要すものです。
　この作業のことを《徹底操作 working through》と呼び、この作業を通して、最終的には治療過程でクライエントがみいだした洞察内容と、現実生活のありかたとをすり合わせ、症状や問題の除去やパーソナリティの変化までにいたるのです。

精神分析の考えかた

　精神分析療法をおこなう背景には、精神分析「理論」があります。精神分析理論の主な点は、つぎに示すものがあげられます。

◀ Ⅰ-2-2 │表

◀ Ⅰ-3-1 │表

主な理論	内　容
(1)力動 - 構造論	心を自我，エス，超自我の3層によって構造的，局所的にとらえて論じる
(2)力動 - 経済論	自我，エス，超自我のそれぞれの心のエネルギーの力関係から行動や症状を葛藤，抑圧，妥協形成というとらえ方でみていく
(3)不安 - 防衛論	自我，エス，超自我からの不安内容を区別し，不安解消の手段として防衛を論じる
(4)生成 - 分析論	内的世界の微視的な仮説として，欲求や願望の充足について自我の一次過程と二次過程，あるいは快感原則と現実原則から論じる
(5)発生 - 発達論	心の発達や病理を心のエネルギーであるリビドーの展開と固着，退行から論じる
(6)自己愛論	リビドーがまず自分の身体に充当し，次に自分自身に充当することを自己愛ととらえて，次に他者を愛する対象愛へと展開していくことを論じる

表 Ⅰ-3-1　精神分析理論の骨子（小此木、1985）

1 力動−構造論

表｜I-3-2 ▶
❖図｜I-3-A ▶
❖図｜I-3-B ▶

《力動−構造論》という考えかたは、心を［自我］［エス］［超自我］の三層により局所的にとらえた見解が中心です。フロイトが試行錯誤のあげく最終的に到達した心の三層は、図のような構造で、各領域の機能については表に示すとおりです。

精神分析では、「無意識世界の［エス］領域には、ヒトの本能instinctから発するさまざまな欲求や願望が潜在している」とみます。フロイトは、生涯をかけて、ヒトの本能について追求しました。

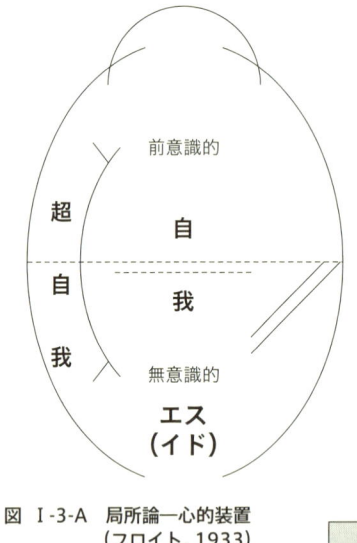

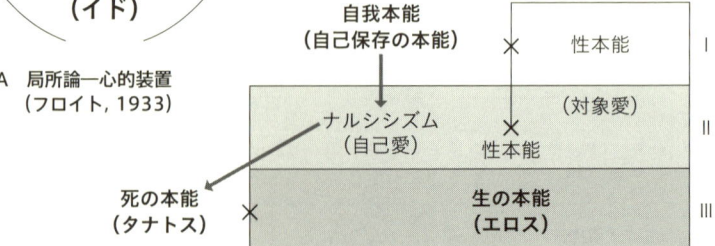

図 I-3-A　局所論—心的装置
（フロイト, 1933）

I, II, III …本能論の発展段階
×…対立をあらわす
↓…自我本能についての見解の変化の経路をあらわす

図 I-3-B　本能論の変遷（井村, 1954）

領　域	内容と機能
エス（イド） (Es, id)	無意識的なものの代表—(a)幼児期以来，抑圧されたもの（固有の抑圧），(b)古い祖先の時代から抑圧され受けつがれてきたもの（原始的抑圧）が貯留している領域 (1)本能エネルギー（リビドー）の貯蔵庫→対象充当 　〈～したい〉，〈～がほしい〉 (2)一次過程が支配（現実，時間，秩序の影響をうけない） (3)快感原則が支配（衝動の即座の満足欲求）
自我 (ego：Ich)	外界とエスを仲介する領域（心の中心部分） (1)現実原則が支配（知覚機能—現実吟味） (2)二次過程が支配（知覚，注意，判断，学習，推理，創造，記憶，言語などの現実的思考） (3)逆充当（エスの外界への突出の見張り），〈一寸まて〉 (4)不安（現実，エス，超自我からのおびやかし—危険信号）の防衛，処理 (5)統合機能（適応機能—パーソナリティの統合）
超　自　我 (super-ego： Überich)	幼児期の両親のしつけの内在化されてできた領域 (1)良心の禁止〈～してはならない〉 (2)理想の追求〈～であれ〉，〈～しなくてはならぬ〉 (3)自己観察

表 I-3-2　自我，エス，超自我の機能（前田，1985を修正）

2
力動−経済論

　フロイトは個人がもつ"リビドー"の量を一定と考え、そのエネルギー量は、［自我］［エス］［超自我］の各領域で異なるというとらえかたをしています。

三つの領域でのリビドーのあらわれ
　たとえば［エス］領域のリビドーが強いと「衝動的」「感情的」となり、［超自我］領域のリビドーが強いと「良心的」

「理想主義的」「抑圧的」となり、［自我］領域のリビドーが強いと「合理的」「現実的」「理性的」となることをあげています。

リビドーの向かう方向

またフロイトは、〈充当 cathexis〉（備給ともいう）や〈逆充当 countercathexis〉（逆備給ともいう）という言葉をつかって、リビドーが特定の対象に向かう方向性と、リビドーの充当と逆充当の力関係を重視しました。

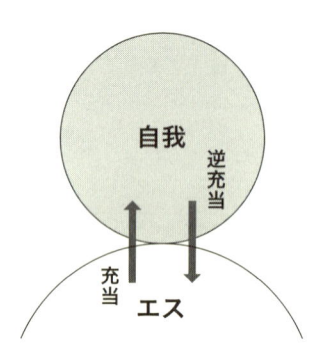

✤ 図｜Ⅰ-3-C ▶

図 Ⅰ-3-C　充当と逆充当

心の問題の「力動－経済」

フロイトはこの見解から、心の問題や症状の背景には、［自我］［エス］［超自我］各領域からの"リビドー"の〈充当〉と〈逆充当〉の力関係があり、「葛藤 conflict」や「抑圧 repress」、つまり自我がエス領域の欲求や願望を閉め出すことの、あるいは［自我］と［エス］との妥協形成 compromise formation の結果として生じている、という見解へと展開していきました。

3
不安−防衛論

　［自我］は、現実外界からのストレス、［エス］からの強い欲求や願望、あるいは［超自我］からの厳しい良心・道徳・規範力につねに晒されており、そこから"不安anxiety"が生じる、とフロイトは考えました。そして、この"不安"に対して［自我］は無意識的に防衛している、というように考えたのです。

　この防衛のしかたのことを〈防衛機制defense mechanism〉と呼び、その発達と種類については表のようなものがあげられます。

◀ Ⅰ-3-3 ｜表

　またフロイトは、［自我］が上手に防衛していくかどうかによって、ヒトの適応と不適応を論じています。ここで

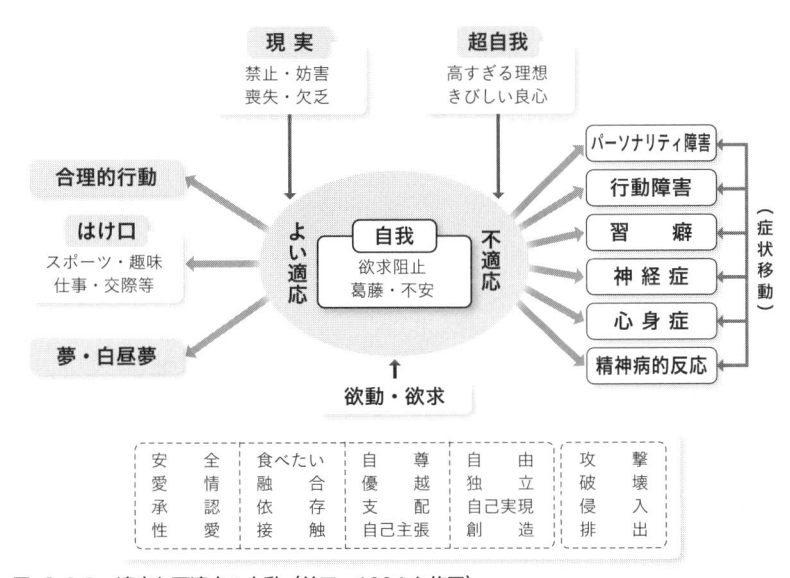

図 Ⅰ-3-D　適応と不適応の力動（前田，1994を修正）

❖ 図 I-3-D ▶　前田重治（1994）による「精神分析学派がとらえる適応・不適応論」を紹介しておきましょう。

	防衛機制	方　　法
基本	固　着 （退　行） （抑　圧）	特定の発達段階で停滞する（発達の足ぶみ） より早期へのあともどり―幼児返り 意識から締め出す―（幼児期健忘）
	（分　裂）	「よいもの」と「わるいもの」を切り離す
0歳	取り入れ 同　一　視 投　影	対象を取り込む 対象を取り込んで，自分と同一化する 対象へ向かう欲求や感情を，相手が自分へ向けているものと思いこむ
⟨ 1歳	否　認 原始的同一化 投影性同一視 原始的理想化 価値切下げ 躁的防衛	現実を認めないで無視する（分裂した一つの面しかみない） 対象と合体する（融合：一体化） 対象に投影したものに同一化する：相手を利用して自分自身のある側面を体験し，それを内包しようとするもの．そこに交互作用が行われ，相手から投影された空想や感情と類似した形で感じたり，考えたりさせられる圧力を感じる（自分が感じる代わりに相手におしつける形で感じさせる） 対象を「すべてよいもの」とみる 対象を「すべてわるいもの」とみる（値引き） 抑うつの悲哀や罪悪感を意気高揚・過剰な活動化で回避する
⟨	反動形成 逆　転 打ち消し 隔　離 自己への反転	本心と逆のことを言ったり，したりする 感情や欲求を反対のものに変更する 不安や罪悪感が消えるまでやり直す 思考と感情，感情と行動や態度を切り離す 対象へ向かう感情を自己へ向けかえる
3歳 ⟨ 5歳 ⟨	置き換え 昇　華 合　理　化 知　性　化	妥協して代用満足する 欲動を美化し，社会化して表現する 責任を他へ転嫁する 感情を知的な観念にずらす
50歳 ⟨	諦　観	自分の限界を知って放念する（断念）

表 I-3-3　主な自我防衛の発達（前田，1994 を修正）

4
生成−分析論

フロイトは、ヒトは、心の発達にともない、[エス]領域からの生物学的な欲求の充足を、現実外界への認知や思考を用いてうまく果たしていく、というようにとらえました。

そして、その過程は、〈快感原則〉から〈現実原則〉へ、〈一次過程〉から〈二次過程〉へと展開する、と考えたのです。

◀ Ⅰ-3-4 │表

快感原則 (pleasure principle)	快く，心地よいものを求め，その反対に不快なもの，苦痛なものを避ける普遍的な傾向をいう	一次過程	心的機能の連想的，精神的，情動的，前理論的なものをいい，本能衝動と関連をもつ
現実原則 (reality principle)	欲求の即時的な満足を断念し，現実の条件に従って満足を延期したり満足する手段を探ったりすることによって現実に適応した形で欲求を満たすことをいう	二次過程	思考的，理性的，論理的なものをいい，本能衝動を抑圧することから創造的なものまでの内容をもつ

表 Ⅰ-3-4　快感原則と現実原則

5
発生−発達論

フロイトは、"リビドー"の〈充当〉対象は年齢とともに、みずからの口唇→肛門→性器へと展開するとして、「欲動の発達段階」を想定しました。

◀ Ⅰ-3-5 │表

発達段階での退行と固着

また、ヒトは、不適応に陥ったり、問題に直面して行き詰まった際、以前の発達段階へと〈退行 regression〉しやすいととらえ、とくに過去において"リビドー"が〈固着 fixation〉段階へと〈退行〉しやすいと考えました。そして、"リビドー"がある特定の発達段階に〈固着〉して、さまざま

✤図| I -3-E ▶

年齢	段階		活動様式	心理的意味	性格	自己愛の発達
（およそ）	部分本能（幼児性欲）	口唇期	吸う のみこむ	〔乳房＝やさしさ・愛情〕 接触、取り入れ、合体 （融合）	依存性，受身性 自信，安心，楽天性	自体愛 （非自我）
1歳〜1.5歳			吐き出す 噛みつく	拒絶 破壊	横柄さ，ひがみ， 悲観，絶望，自閉	自己愛 （自我が対象）
〜3歳		肛門期	排　出	〔大便＝贈物＝子ども〕 支配に反抗ー服従 破壊ー積極性	意地，強情，不潔 だらしなさ，ルーズ	自我 （自我理想形成）
			ためる （保　持）	所有ー受身性	きちょうめん，しまり屋，けち，義理固さ，潔癖，時間に厳格	対象から区別された自我
		男根期（エディプス期）	男根の誇示 去勢不安	〔ペニス＝大便＝子ども〕 母を独占 父と競争ー父を憎む 父を恐れる	見栄，出しゃばり， 競争，強気，優越感 積極性ー男性的	対象愛
			ペニス羨望 去勢コンプレックス	父を独占 母と競争ー母を憎む 母を恐れる	引っこみじあん，弱気， 失敗不安，劣等感 消極的ー女性的	
5歳〜12歳		潜伏期	（知的活動）	（超自我形成ー修正）	仲間づくり リーダーへの同一化	
〜	大人の性欲	性器期	思春期に一時的に幼児性欲の再活動 ↓ 幼児性欲の統合ー生殖性		男性性の誇示 ↓ 異性愛	

【注】　ペニス羨望（penis envy）とは女児に生じるペニスを奪い返したいという感情をいう。
　　　自我理想（ego ideal）とは，自我がそうありたいと願う理想を形成する基準のことをいう。

表 I -3-5　フロイトの欲動の発達段階

な性格が形成されることになります。　◀ I-3-5 |表

　なぜ〈固着〉するのかについては、その発達段階での「心的外傷trauma」や「過度な満足感」によるものであるとみます。

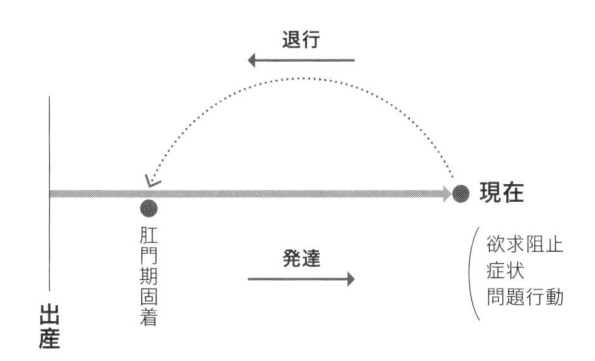

図 I-3-E　固着点への退行例

幼児期の親子関係

　フロイトはとくに、みずからの経験や回想から、ヒトの発達において幼児期における親子関係のあり方を重視しました。

　神経症の発症原因として、男根期phallic phaseにおける男児の"エディプスコンプレックス"をとりあげています。"エディプスコンプレックス"とは、図に示す太線のような、無意識世界にある男児のもつ心のこだわりのことをいいます。

◀ I-3-F |図 ✥

　このように、幼児期における親子関係のあり方が以後の適応・不適応を決定する、というとらえ方を「幼児期決定論」と呼びます。

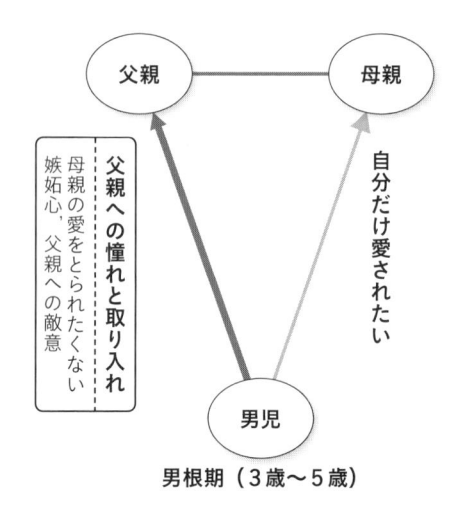

父親 ─── 母親

父親への憧れと取り入れ
母親の愛をとられたくない
嫉妬心，父親への敵意

自分だけ愛されたい

男児

男根期（3歳～5歳）

【注】「エディプス」とはギリシア神話のエディプス王の物語に由来する。

図 I-3-F　エディプスコンプレックスの説明図

6
自己愛論

表 | I-3-5 ▶

　フロイトは《自己愛》に関しては、"リビドー"が自己の身体、自分自身、そして他者へと〈充当〉対象が変化していく、というとらえかたをしています。

7
まとめ

　このように、フロイトの精神分析理論には、つぎのような三つの特徴があります。

①自我の発達を「心のエネルギー」としての"リビドー"の展開からみる。
②症状形成や問題行動の原因について、幼児期における親子関係上の「こだわり」や「傷」としてとらえる。
③症状形成や問題行動の発生メカニズムについて、現実外界のストレスの衝撃度、内的な［エス］領域での"リビドー"の力、［超自我］や［自我］の強さの力動関係からみていく。

とくに、現実外界のストレス、［エス］領域における本能欲求、自我機能のありかた、この三点については、フロイトの弟子たちそれぞれによって受け継がれて、このあと精神分析は分派していきます。
　その模様を次章でみてゆくことにしましょう。

Chapter 4
精神分析の展開

おおきな流れ

✣ 図 I-4-A ▶

フロイト以後の《精神分析的心理療法》各学派の系譜をまとめてみました。

アドラー（Adler, A.）は、1911年にフロイトと離れて【個人心理学 individual psychology】を確立しました。彼は、きょうだいの布置に注目し、神経症は〈劣等コンプレックス inferiority complex〉に起因し、それを〈補償 compensation〉していくことを治療としました。彼は、人の社会関係を重視し、「共同体感情」が自己中心的な生活様式を克服すると主張しました。

また、**ユング**（Jung, C.G.）は、フロイトとの無意識内容の見解の相違から1913年に決裂し、【分析心理学 analytical psychology】を確立していきました。

一方、**アブラハム**（Abraham, K.）は、フロイトの見解を忠実に守り、リビドー発達やうつ病の治療に貢献しました。その後、彼の考え方が【対象関係論 object relations theory】へと展開していきました。

Chapter-4 精神分析の展開 33

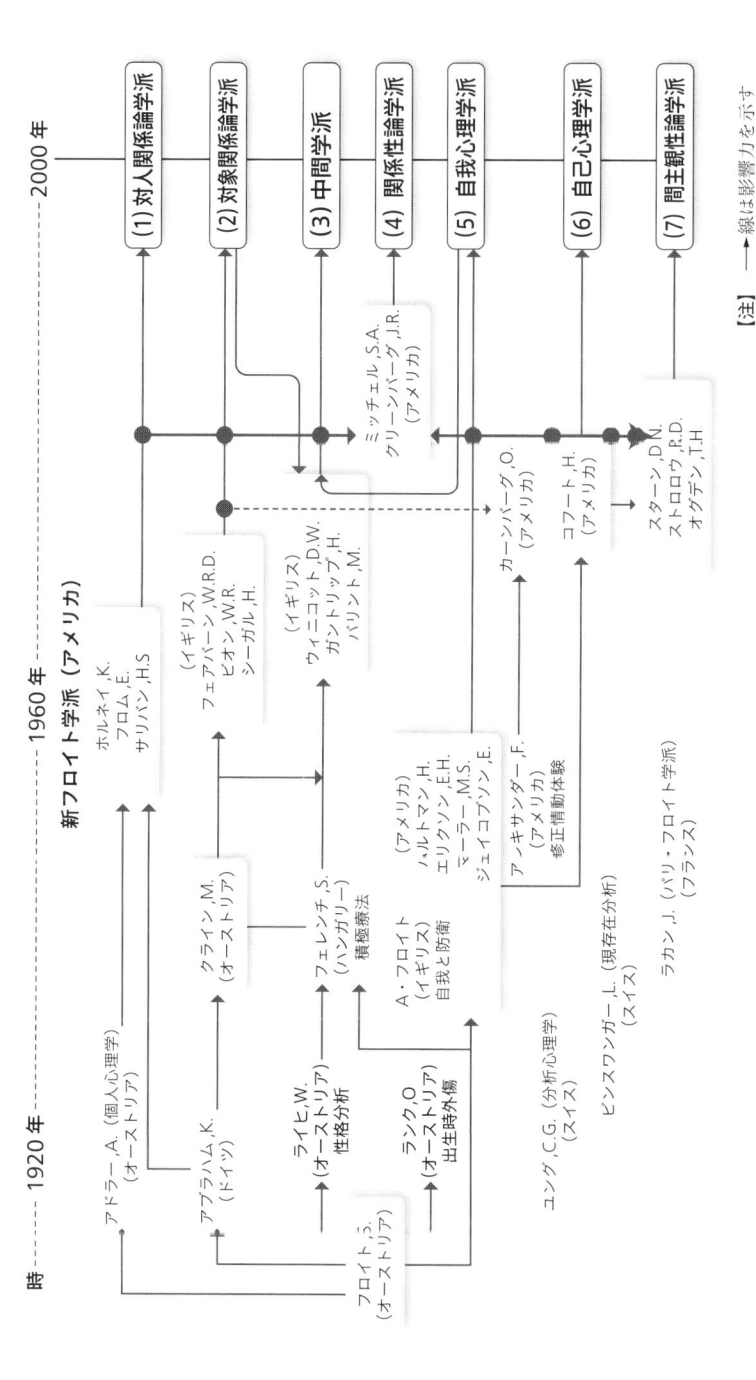

図 I-4-A 各精神分析的心理療法学派の系譜

同時期に**ランク**(Rank, O.) は、〈出生時外傷birth trauma〉を重視し、神経症はこの外傷の失敗ととらえました。彼は「人との別れ」に注目し、治療の中断や終結を治療上重視して〈中断療法〉という今日の「短期心理療法short term psychotherapy」の走りを創案しました。また、〈意志療法will therapy〉を確立し、クライエント独自の分離・独立していく人生を尊重しました。

　このようにヨーロッパに普及した精神分析療法は、1940年代にはアメリカにも普及し、社会・文化的要因を強調する【新フロイト学派neo-Freudism】を形成しました。

　その代表として男性至上主義を批判した**ホルネイ**(Horney, K.)があげられます。彼女は、神経症は、幼児期の「基本的不安basic anxiety」に起因しているとし、それも文化によって左右されると説きました。

　この新フロイト学派の**サリバン**(Sullivan, H.S.) は、後に【対人関係論interpersonal relation theory】を確立していきました。

　一方、1930年代のヨーロッパでは、性の解放を叫んだ**ライヒ**(Reich, W.) や、フロイトから可愛がられたが後に決裂していった**フェレンチ**(Ferenczi, S.) の影響を受けて、**クライン**(Klein, M.) が【対象関係論】を確立しました。

　一方、フロイトの娘であるアンナ・フロイトが【自我心理学ego psychology】を確立していきました。

　イギリスでは、この二学派の【中間学派】として**ウィニコット**(Winnicott, D.W.)らが新しい学派を確立していきました。

　その過程で、アンナ・フロイトにもとづく自我心理学はアメリカで展開され、この大きな学派から1970年代には**コフート**(Kohut, H.) による【自己心理学self psychology】

が注目され、フロイトが取りあげた「自己愛」の問題が再び話題となりました。

アメリカでは1980年代に入るとフロイトが重視した心についての「科学性」や「客観性」の問題が取りあげられ、逆に心の「主観性」や相手との「相互性」を重視する【間主観性inter-subjectivity論】学派も、**スターン**（Stern, D.N.）や**ストロロウ**（Stolorow, R.D.）によって確立されました。

1980年代における精神分析学界は、2回の危機に晒されます。

1回目は、1980年にDSM-Ⅲ（diagnostic statistical manual the third edition）において、フロイトがとりあげた「ヒステリー」や「神経症」という診断名が削除され、現象学的・行動的な特徴を重視し、科学的に根拠のない診断名は削除される状況が生じました。

さらに2回目の危機は、アメリカの精神分析療法学派ではない精神科医の**ハーマン**（Herman, J.L.）が、記憶回想療法recovered memory therapyをおこなってクライエントに強制的に過去の心的外傷を回想させたためにその被害者が多く生じるという事件があり、このことによって精神分析的心理療法に対する大きな誤解が生じました。

このような2回の危機に直面しながらも、21世紀を迎える頃、フロイトが述べた「治療者の中立的態度（スクリーン）を通して自分の心を解明する」という一者心理学one-person psychologyから、他者との関係relationを通した【二者心理学two-person psychology】へと、精神分析学界は展開していきました。

とくに、**ミッチェル**（Mitchell, S.A.）と**グリーンバーグ**（Greenberg, J.R.）は、〈関係性理論relational theory〉を創案して、対人関係論や対象関係論などの統合を試みました。

それではこれから、(1) 対人関係論学派、(2) 対象関

係論学派、(3) 中間学派、(4) 自我心理学派、(5) 自己心理学派、(6) 間主観性論学派の治療論を概説してゆこうと思います。

1
対人関係論学派

サリバンは、「精神医学とは、人と人の間で進行する学問であり、その対象範囲は対人関係の世界である」と定義し、フロイトが"無意識"世界の「欲動」を重視したことに対し、クライエントの"現実"世界での「対人関係」を重視しました。

サリバンは、この対人関係のパターンは、乳幼児期の親子関係のありかたに基づくと考えました。

乳幼児期の安心と満足

❖図│Ⅰ-4-B ▶　サリバンの心の発達図式を提示してみましょう。

彼の見解では、乳幼児期において重要な他者 significant othersは母親であり、母親との共感を通して子どもは安心 securityと満足 satisfactionが得られます。しかし、母親が「安心と満足を与えない存在」として認知されれば、母親から否認・排斥されたイメージや感覚を意識外へ排除します。その装置のことを〈自己システム self system〉と呼び、不快なものを「選択的不注意 selective inattention」によって〈自己システム〉外に解離 dissociationすることになります。

❖図│Ⅰ-4-B ▶
❖図│Ⅰ-4-C ▶　(1) と (2) の時期に〈自己システム〉が解離する状況を図式化してみましょう。解離されたものが多くなると〈自己システム〉は脆弱化し、統合失調症 schizophreniaの特徴が形成されるといいます。

		段階と内容	
乳幼児期 0歳頃 〜 6歳頃	(1) プロトタクシックな様態 (prototaxis)		イメージと感覚のみで現実外界をとらえる，対象と未分化
	(2) パラタクシックな様態 (parataxis)		イメージ，感覚，ことばが並列的に用いられ，現実外界をまとまりなくとらえる
	(3) シンタクシックな様態 (syntaxis)		イメージ，感覚，ことばが統一，確認(consensual validation)されて現実外界を正しくとらえる
少年・少女期 6歳頃 〜 8歳頃	• 競争し合ったり，仲間のために犠牲になったりする • give and take という形の協力(cooperation)が成立する • ある程度の自己評価や他者評価ができる		
前思春期 8歳頃 〜 13歳頃	• 同性の友人と親密感(intimacy)が生じて，親友(chum)を形成する • 親友と安心感や満足感が充足でき，個人のもつ価値観を相互に確認し合う協同(collaboration)ができる • 親友からの評価を取り入れて，人格化(personification)，つまり自分の個性をつくる能力が生じる • この時期に親友ができなければ，以後の自我の発達に大きな支障をまねきやすい		
青年期 13歳頃 〜 22歳頃	• 性欲をともなった異性に対する親密感が生じる • 異性対象も特定の人へと変化していく • 異性との安心感，自尊感情を一定に保った関係が維持できると，個人の性欲，安心感，親密感の3点は統合できる		

【注】 パラタクシックな歪み(parataxic distortion)とは，対人関係上の体験の歪みを意味し，それは図 I-4-Bの(2)の様式に起因するととらえる。

図 I-4-B サリバンの心の発達図式

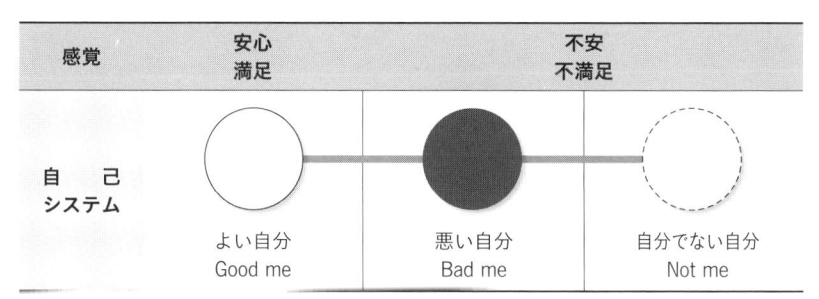

感覚	安心 満足	不安 不満足	
自　己 システム	○	●	○
	よい自分 Good me	悪い自分 Bad me	自分でない自分 Not me

【注】「解離」とは，内的統一性をなくした心の不調和，無秩序，意識とパーソナリティの解体を意味する。「自分でない自分」は，悪夢，不気味なもの，奇怪な対象として登場する。

図 I-4-C サリバンの自己システムの解離

面 接 形 態
1対1の対面法か90度法
治療的態度
関与しながらの観察（participant observation）
治療視点と技法
• クライエントの自尊心（self respect）の形成を重視する • 主に支持療法 • クライエントの過去からの対人関係のあり方の洞察

表 Ⅰ-4-1　サリバンの精神医学的面接

そこで治療としては、治療関係を通してクライエントの〈自己システム〉の「安定操作security operation」をはかることをねらいとします。

観察しながらも主観的な交流を

ここで、サリバンのいう〈精神医学的面接psychiatric interview〉の概要をまとめておきます。

表｜Ⅰ-4-1 ▶

「関与しながらの観察」とは、治療者が、クライエントを客観的に観察しながらも、クライエントの主観的世界と治療者の主観的世界との交流を保ち、関係を形成していく姿勢です。

これは、治療者の主観と客観という二面性とその統合の困難さを示しており、治療者の自己規定や態度表明の際に活用されやすい考えかたです。

2
対象関係論学派

(a) クラインの対象関係論

「対象関係」という語は、フェアバーン（Fairbairn, W.R.D.）が「内的対象（乳房）との関係」という意味をもって最初に用いたといわれています。そして、【対象関係論学派】のねらいは、クライエントがみずからの破壊性に気づき、母親への感謝の念にもとづく「償いreparation」の作業を"転移"をとおしておこなうことにあります。

心的現実からみた母子関係

フロイトは、人が感じている（思っている、信じている）幻想などは、たとえ客観的事実がどのようなものであろうとも、その人にとっては心理的・体験的な現実であるととらえ、これを"心的現実psychic reality"と呼びました。

たとえば、クライエントの現実の母親はやさしくても、クライエントの"心的現実"にとってはやさしくない、恐い母親であることもあるわけです。

【対象関係論学派】は、この"心的現実"としての、主に母子関係のありかたから心をみてゆきます。

心の発達図式

ここで、クラインが唱えた心の発達図式を紹介しておきましょう。彼女は、子どもの遊戯療法play therapy経験をもとに「人生最早期の心の発達モデル」を創案しました。

◀ I-4-D │図 ✥

時	段階	内容	対象関係のあり方	防衛機制
3〜4ヶ月頃	妄想的分裂態勢 paranoid-schizoid position	母親を部分対象とみて，よい感覚があればよい母，わるい感覚があればわるい母として分裂して母親をとらえる	部分対象 (part objects) 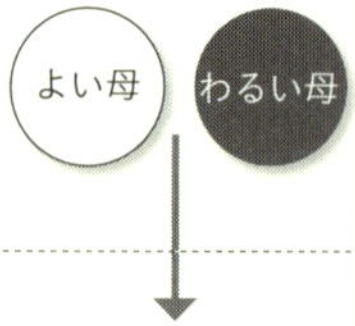 よい母　わるい母	・分裂 ・否認 ・投影性同一視 ・原始的理想化 ・価値切り下げ
4〜5ヶ月頃 〜 2歳頃	抑うつ態勢 depressive position	よい母とわるい母が同一の対象であることに気づき，自分が母親へ向けた攻撃性に強い罪悪感を抱いて抑うつ的になる	全体対象 (whole object)  よい母／わるい母	・躁的防衛

【注】「よい」と「わるい」とは道徳的，良心的によいとかわるいという意味ではなく，快・不快という意味に近い。

図 Ⅰ-4-D　クラインの心の発達図式

表｜Ⅰ-4-D ▶

よい対象か　わるい対象か

　生後間もない乳児は、〈投影性同一視 projective identification〉をもとに、満足を与える「よい対象（よい乳房）」を理想化し、不満を与える「わるい対象（わるい乳房）」を攻撃するという〈分裂 splitting〉という原始的防衛機制を用います。

　クラインは、人のもつこのように「不満を与える対象へ攻撃する本能」を"死の本能"と呼びました。また、同一対象を「よい対象／わるい対象」に分裂してとらえて（部分対象）、わるい対象に対し"死の本能"にもとづいて攻撃・破壊していくことを"羨望 envy"と呼びました。

　そして、攻撃・破壊していく過程で、みずからの内的世界の投影によって〈迫害不安 persecutory anxiety〉も生じます。クラインは、このような人生最早期の母子関係の構えを《妄想的分裂態勢》と名づけました。

よいもわるいも両面もった対象

「よい対象／わるい対象」という〈部分対象〉でしかとらえきれなかった乳児は、やがて、"生の本能"にもとづく愛を母親へ投影しながら、母親を、よいもわるいも両面もった〈全体対象〉としてとらえられるようになります。

嫉妬から抑うつ　そして償い願望へ

その考えかたからすると、フロイトがいう"エディプスコンプレックス"は、幼児期よりも早期に形成されることになります。また、［超自我］の形成も、フロイトが唱えた幼児期よりもさらに早く形成されることになります。

つまり、《妄想的分裂態勢》のあと、父親-母親-自分という三者関係が形成され、乳児には、母親を父親から奪われまいとする独占欲求が生じます。これをクラインは〈嫉妬jealousy〉と名づけました。

この〈嫉妬〉によって母親を攻撃したことに対する［超自我］からの罪悪感が、抑うつ状態を生じさせます。クラインはこのような構えを《抑うつ態勢》と名づけました。

この時期の乳児は、「母親を破壊してしまったのではないか」という、罪悪感・悲哀感・抑うつ感からの「償い願望」も生じてきます。この「償い願望」によって、母親をよい対象ととらえだして、母親への感謝の念が生じてくるのです。

解釈によって洞察へと

このような考えかたにのっとって、クラインの治療では、フロイトのいう中立的態度から、おもに治療者による《解釈》によって、クライエントを《洞察》や《表現》へと導きます。

フロイトによる治療との違いは、人生最早期の"対象関係"という視点や、治療対象として子どもから統合失調症

治療方法
子ども…遊戯療法 成人…自由連想法あるいは面接法
治療的態度
中立的態度
治療視点と技法
・クライエントを図Ⅰ-4-Dに示す対象関係のあり方からみていく ・解釈が中心 ・クライエントに示す内容の洞察や表現をはかる

表 Ⅰ-4-2　クラインの精神分析療法

まで幅広くあつかうという点、といえましょう。

表｜Ⅰ-4-2 ▶　　最後に、クラインの精神分析療法をまとめておきます。

(b) ビオンの対象関係論

ビオン（Bion, W.R.）は、さきに述べましたクラインの《妄想的分裂態勢》にもとづく［葛藤モデル］と、あとで述べますフェアバーンや中間学派のウィニコットらによる［欠損モデル］とを、統合する対象関係論を唱えました。

グループの変化

彼の理論の基盤にあるのは、《集団心理療法 group psychotherapy》経験です。そこで、ビオンによる集団心理療法にもとづいたグループの分類と、その特徴をまとめておきましょう。

❖図｜Ⅰ-4-E ▶

《集団心理療法》のねらいは、「作動グループ」を形成し、本能的な「基本的想定グループ」の特徴を明らかにしながら、メンバー（クライエント）の行動改善や、症状除去をすることにあります。この改善システムのことをビオ

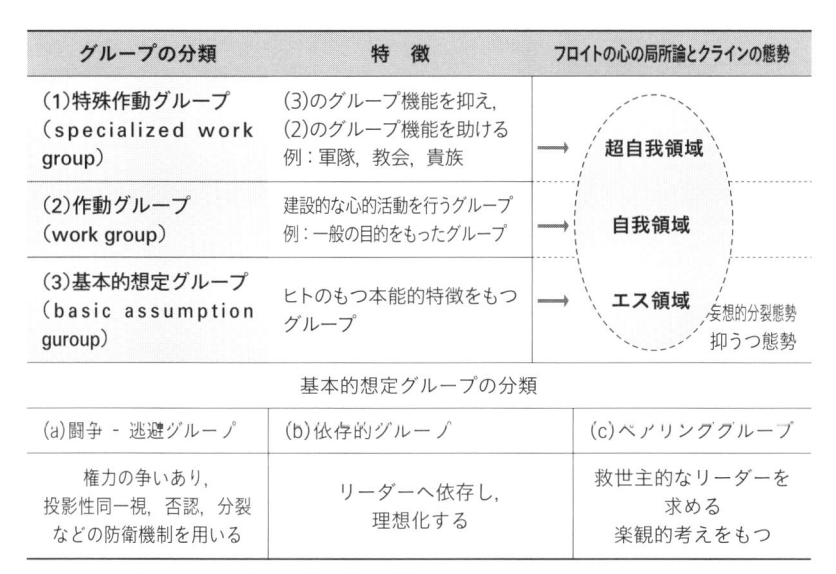

グループの分類	特徴	フロイトの心の局所論とクラインの態勢
(1)特殊作動グループ (specialized work group)	(3)のグループ機能を抑え、(2)のグループ機能を助ける 例：軍隊、教会、貴族	→ 超自我領域
(2)作動グループ (work group)	建設的な心的活動を行うグループ 例：一般の目的をもったグループ	→ 自我領域
(3)基本的想定グループ (basic assumption guroup)	ヒトのもつ本能的特徴をもつグループ	→ エス領域　妄想的分裂態勢／抑うつ態勢

基本的想定グループの分類		
(a)闘争-逃避グループ	(b)依存的グループ	(c)ペアリンググループ
権力の争いあり、投影性同一視、否認、分裂などの防衛機制を用いる	リーダーへ依存し、理想化する	救世主的なリーダーを求める 楽観的考えをもつ

図 I-4-E　ビオンによるグループの分類と特徴

ンは〈プロトメンタルシステム protomentalsystem〉と呼んでいます。

　ビオンは、とくに「基本的想定グループ」の変化について、(a)〈闘争-逃避グループ〉は合併が生じやすく、(c)〈ペアリンググループ〉は分裂が生じやすいといいます。そしてそこには、自分のグループ外の変化の影響もあるといいます。

　「作動グループ」が新しい観念などを吹き込んで、よい変化が生じることを〈変則形態 aberrant form〉と呼びます。しかし、「基本的想定グループ」の力によっては〈破局的変化 catastrophic change〉をまねくこともあるといいます。

集団心理療法の方法と態度

　《集団心理療法》の具体的な方法を整理しておきましょう。　◀ 1-4-3｜表
う。
　その治療者（トレーナー）の治療的態度として、ビオンは、

治療構造	
メンバー	1名の治療者(トレーナー)と2名のオブザーバー，メンバーは8名～16名程度
場所	集団心理療法室
回数	1回80分間，週1回，延べ5回～20回程度
治療原則	
禁制原則…治療過程では療法室以外でのメンバーの私的関係を禁じる 復元原則…テーマに即した今，ここでの話し合いをする	
治療者(トレーナー)の役割	
・メンバーの感情，感覚をコンテイニング(containing)する ・グループの心性(group mentality)をメンバーに伝える 例：ビオンのことば「熱や電気を伝える」 ・解釈をする 今，ここでの(1)グループの願望，不安，防衛について，(2)メンバー間の転移(関係)について，(3)治療者(トレーナー)へのメンバーの転移(関係)について ・グループのもつ欲求不満の原因についてを考えさせる	

表 Ⅰ-4-3 ビオンの集団心理療法の方法

〈否定的能力 negative capacity〉(不確実なこと、疑問、あいまいなことに耐えられる能力)をあげています。ビオンは、のちにこの態度をもとに一対一の独自な対象関係論を創案しています。

母子関係のありかた

ビオンは、母子関係のあり方の分類として、(1)「共在的 commonsal」、(2)「共生的 symbiotic」、(3)「寄生的 parasitic」の三つをあげています。そして、人生最早期の母子関係のあり方によって症状を説明しています。

❖ 図 Ⅰ-4-F ▶

「わけのわからないもの」をめぐって

ビオンは、乳児にとってのわけのわからない不安、不快な感覚を[β要素]といい、[β要素]をわかりやすいイ

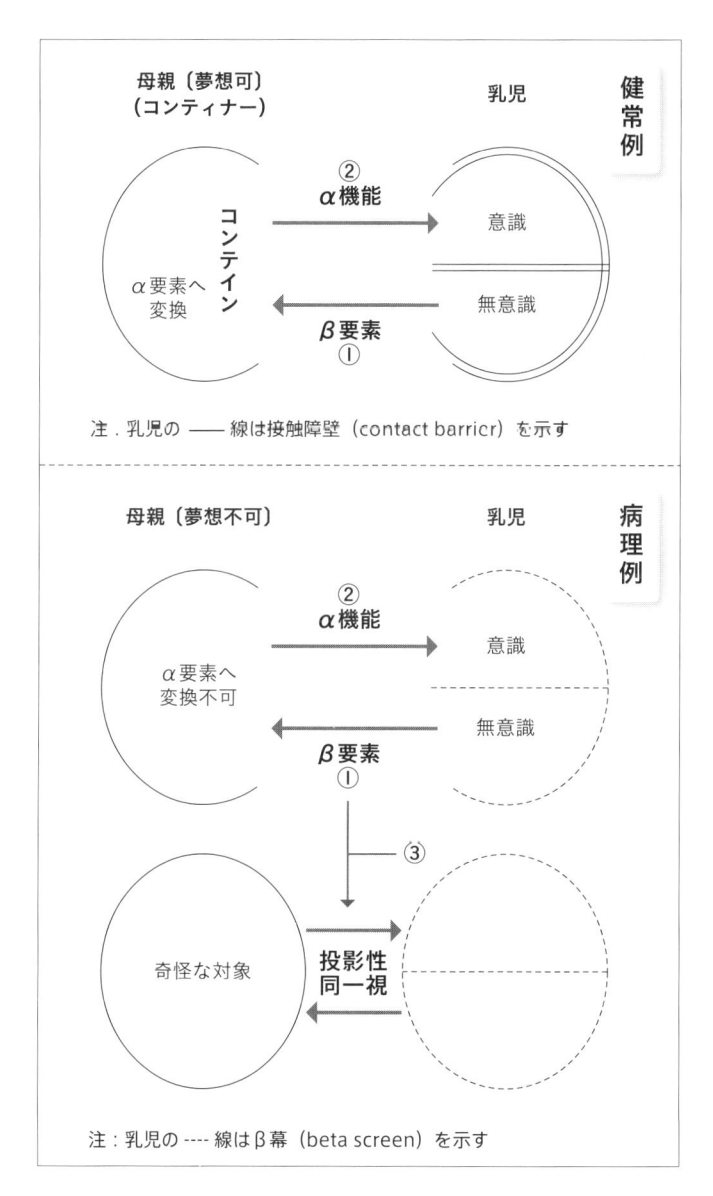

図 Ⅰ-4-F　ビオンによる人生最早期の母子関係の病理

❖図| Ⅰ-4-F ▶　メージへ変換する機能を〈α機能〉と名づけ、それをイメージ化されたものを［α要素］と呼びます。

　母親が、乳児の［β要素］を察知すること、これをビオンは"夢想reverie"と名づけ、［β要素］を母親の〈α機能〉によって［α要素］に変換し、乳児に返すと、乳児にとってそれは具体的な内容なので、心が安定してゆきます。

　その安定していく過程で、自己と外界の区分、また、自己内の意識世界と無意識世界との区分が明確になっていきます。この区分のことをビオンは「接触障壁」と呼んでいます。

　一方、母親が乳児の［β要素］を察知、"夢想"できず、［α要素］に変換できない場合、乳児は不安・混乱を示します。そして、母親との《投影性同一視》の結果、他者や外界を"奇怪な対象bizarre objects"ととらえるようになります。

母親のコンテインと「乳児の連結する機能」

　なおビオンは、「接触障壁」のうすい幕を［β幕］と名づけてこの［β幕］を用いて、自他の未分化や意識世界と無意識世界の混乱を論じています。

❖図| Ⅰ-4-F ▶　そしてビオンは、母子関係を"コンテイン-コンティンド関係"と呼び、母親が「コンテインcontain」すること（乳児の［β要素］を吸収すること）を強調しています。

　またビオンは、クラインの"死の本能"にもとづく対象関係から「乳児がもつ母親との"連結linking"する機能」へと理論を展開させ、乳児の「愛love」「憎しみhate」「知thinking」をとりあげました。

表| Ⅰ-4-4 ▶　最後に、ビオンのいう乳児の概念形成の過程を示しておきましょう。

前概念 (preconception)	→	現実 (reality)	→	思考作用 (thinking)	→	概念形成 (conception)
例： 欲求を満たしてくれる乳房があるはずだ		乳房がある場合		現実を確認する		乳房という概念形成
		乳房がない場合 → 欲求不満耐久性のある乳児				不在の乳房（absent breast）の概念形成
		→ 欲求不満耐久性のない乳児				概念形成ができず欲求不満は増加する

表 1-4-4 ビオンの概念形成過程

3
中間学派

　前節の【対象関係論学派】と、このあと紹介する【自我心理学派】との中間にあって、両学派を統合しようとするのが【中間学派】です。のちに【独立学派】とも呼ばれています。

ひとりになれる力
　この学派の見解は、人生早期の母子関係における"依存"に注目し、「母親から離れてひとりになれる能力」を重視することや、乳児の精神内界のイメージとしての母親だけでなく「現実の母親の養育態度」も重視することが、特徴です。また、【対象関係論学派】のような"死の本能"の強調よりも人の"生の本能"を強調しているところにも特徴があります。
　まず最初に、ウィニコットとフェアバーンの見解をもと

にした［人生早期から成人期までの心の発達図式］をあげておきます。

❖図 I-4-G ▶

依存から自立への移行

❖図 I-4-G ▶ 発達図式に沿ってみてゆきましょう。

【中間学派】では、人生早期は、母親による"抱っこholding"（つまり依存を十分、満たしてあげること）を重視しています。そのときの乳児は、母親とは自他未分化であり、「母

時	依存の段階	母子関係	環境としての母親	子どもの内的世界
0歳〜4ヶ月頃	絶対的依存期（依存の事実を知らず全面的に依存する）	子/母	・抱える母（holding）依存を充足させる	・錯覚（illusion）母の乳房を自分の創造物と思い込む
〜1歳頃	相対的依存期	母　子（移行対象）→親　子	・原始的な母性の没頭（primary maternal preoccupation）・ほどよい母親（good enough mother）	・脱錯覚（disillusion）錯覚に気づき、現実外界を知っていく
〜6歳頃	（依存している事実を知る欲求→願望へ）			
〜20歳頃	擬似独立期（親から取り入れたものを分裂させ外在化する）	子→よい親／わるい親	・子を見守る親	・ひとりでいられる能力ができる（capacity to be alone）
	成熟依存期（主として人へ与える態度を示す）	親⇄子	・大人として子をとらえる	

図 I-4-G　中間学派の心の発達図式

親は自分と同一である」という"錯覚illusion"をしています。
　［絶対的依存期］ののち乳児は、〈移行対象transitional object〉を介して、次第に母親から自立していきます。〈移行対象〉とは、乳児の内的世界と現実外界との橋渡しをするような対象のことをいいます。つまり、子守唄、自分の指、毛布、ぬいぐるみなどが考えられます。
　この時期、乳児は、自分の欲求needを意識化でき、その内容を他者へ依存したいという願望desireが自覚されます。母親は、無我夢中で乳児の世話をします。このことを、本能的なものであることから「原始的な母性の没頭」とも呼びます。しかし、乳児が発達していくに即して、母親は自然に、自分の役割を加減してゆきます。

ほどよい母親的態度
　このような育児態度をウィニコットは、〈ほどよいgood enough母親的態度〉と呼びました。その過程で乳児は、自分と母親とは異なる対象であるということに気づいていきます。これを"脱錯覚disillusion"といい、次第に「ひとりでいられる能力」が形成されます。
　フェアバーンは、児童期・青年期にかけての子どもは、乳幼児期に取り入れた親イメージを分裂させて外界へ追いやるexteriorization特徴をあげ、そのことを大人の側が受けとめてあげると、子どもは対等な人間関係（おもに人に対する態度）が形成されて、成熟した依存期に入る、と考えます。
　それでは、【中間学派】のとらえる［絶対的依存期］の病理を示した図をみながら進みましょう。

◀ I -4-H ｜図✥

自然で創造的な自分
　【中間学派】は、母親を「環境としての母親」と「内的対象としての母親」とを区別しています。乳児の依存を充

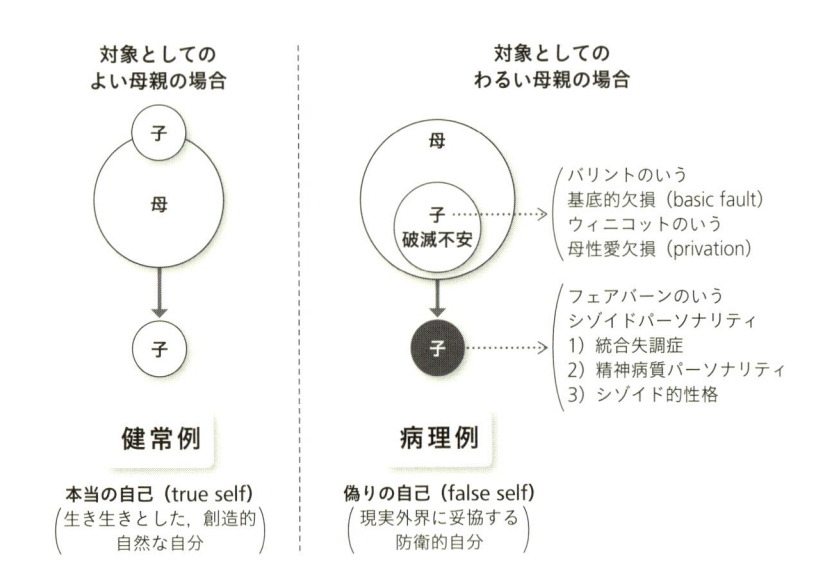

図 Ⅰ-4-H　絶対的依存期での対象関係と病理

対象としてのよい母親の場合

子／母／子

健常例

本当の自己（true self）
（生き生きとした，創造的自然な自分）

対象としてのわるい母親の場合

母／子 破滅不安 → 子

バリントのいう
基底的欠損（basic fault）
ウィニコットのいう
母性愛欠損（privation）

フェアバーンのいう
シゾイドパーソナリティ
1) 統合失調症
2) 精神病質パーソナリティ
3) シゾイド的性格

病理例

偽りの自己（false self）
（現実外界に妥協する防衛的自分）

❖図｜Ⅰ-4-G ▶

❖図｜Ⅰ-4-H ▶

足させる抱える母親によって内的対象としての母親イメージが「よい」（つまり快い、満足、安心を与える）イメージであれば、乳児は〈本当の自己 true self〉を形成していくといいます。〈本当の自己〉とは、生き生きとした、自然で創造的な自分のことを意味します。

現実外界に服従する自分

しかし、この時期、乳児にとって取り返しのつかない不安や恐怖となる刺激が、母親によって乳児に侵害 impingement されると、「破滅不安 annihilation anxiety」（自己が破滅していくのではないかという不安）が生じます。この不安がもとで乳児には、〈偽りの自己 false self〉（現実外界に服従し、本来の自分ではない自分）が形成されるのです。

フェアバーンは、この〈偽りの自己〉と関連して「シゾイドパーソナリティ schizoid personality」論を展開し、その

パーソナリティの特徴として、(1) 万能感、(2) 孤立とひきこもり、(3) 心的現実に心を奪われることをあげています。

また、バリント（Balint. M.）は、「基底的欠損basic fault」という語をあげ、その特徴として、(1) 母性が乳児に欠損すれば二者関係のみの対人関係、(2) 愛情飢餓が強い、(3) ことばによる交流よりも非言語的交流や物による交流を重視するという点をあげています。

最後に、【中間学派】の治療についてまとめておきましょう。この学派は【対象関係論学派】とは異なり、治療者の積極性を強調しています。

◀ I-4-5｜表

治療方法
子ども…遊戯療法(ゲーム，例；交互スクイグル法) 成人…面接法(請求面接も応じる)
治療的態度
支持的態度(心理的な抱っこ)
治療視点と技法
・健康な自己を支えることによって病的な自己が弱化していく ・表現 ・支持 ・母親カウンセリング

【注】 交互スクイグル法(squiggle method)とは治療者とクライエントが交互に画用紙になぐり描きをしながら遊ぶ方法である

表 I-4-5 中間学派の精神分析療法

4
自我心理学派

表｜Ⅰ-3-2 ▶

この学派は、フロイトのいう［自我］についての成り立ちや機能について探求し、クライエントの「適応」をはかることを重視します。

環境に適応するために

図｜Ⅰ-4-1 ▶

ハルトマン（Hartmann, H.）によれば、［自我］は、学習・記憶・認知・判断・推理・言語など葛藤外 conflict free の領域において、生物学的に脳のはたらきとして存在します。また一方では、フロイトの説いた［エス］［超自我］、現実外界からのストレスに対して防衛する、という［自我］領域も存在します。また、ハルトマンは、前者の領域の機能を〈自我装置 ego apparatus〉と名づけています。

表｜Ⅰ-4-6 ▶
表｜Ⅰ-4-7 ▶

その機能としては、ベラックら（Bellak, L. et al. 1973）によるものがあげられ、この【自我心理学派】は、「環境」に適応するためには自我の強さ ego strength を強調しています。

このようにハルトマンは、［自我］の内容や機能について明確にして、心理学領域に精神分析の確固たる位置づけをはかろうとしました。

図 Ⅰ-4-1　ハルトマンによる自我構造
（ハルトマン, 1964）

項　目	内　容
(1) 現実吟味	客観性，観察自我，外的-内的現実の認識
(2) 自己の行動の予測と結果についての判断	予測の妥当性，現実的判断力
(3) 自己と外界についての現実感	自我境界の確かさ(疎外感，離人感なし)，身体像の安定
(4) 思考過程	イメージ化，概念化，言語化の能力
(5) 自律的な自我機能	一次的自律性(正しい知覚，判断，思考，記憶など) 二次的自律性(葛藤の克服，適切な防衛)
(6) 刺激防壁	ストレスへの防壁，安定性
(7) 情動と欲動のコントロールと調整	情動や欲動の適切な表現と統制
(8) 防衛機能	現実に即した自我防衛
(9) 対象関係	対象恒常性，全体対象関係，対人関係の成熟度
(10) 支配-達成の能力	目標達成の能力(行動力)，環境を支配しうる強さ
(11) 自我の適応的退行と進展	自我の柔軟性，創造的退行
(12) 総合-統合能力	パーソナリティの統合

表 Ⅰ-4-6　ベラックらによる自我機能（ベラックら，1973）

項　目	内　容
現実吟味能力 (現実検討)	いかなる現実も客観化し，否認し逃避することなく直面(直視)し得る強さ(観察自我，合理的判断力，自己を過大評価も過少評価もしない，あるがままに現実をうけとめ得る心)
欲求不満耐久度	不満，不安に耐え得る強さ(かなりの攻撃性，恥，罪悪感，劣等感，不全感にも耐え得る心のふところの深さ)
適切な自我防衛 ―とくに昇華能力	不満，不安を現実に即して効果的に処理し得る健康な防衛機制を身につけている(とくに昇華し得る能力)
統合性，安定性	分裂することなく，一貫性を保ち，バランスよく安定した心
柔軟性	自我の弾力性，自由に随意に退行しうる心の柔らかさ(心のゆとり，心のあそび)
自我同一性の確立	自分への確信(社会的に肯定，是認された役割への自覚と責任感)

表 Ⅰ-4-7　自我の強さの指標（前田，1976）

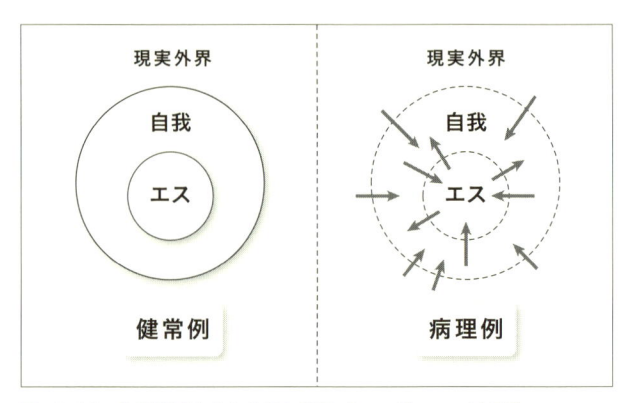

図 Ⅰ-4-J　自我境界からとらえた病理（フェダーン，1952）

現実外界とのあいだ

「環境」と［自我］との関係を病理学的にとらえるために、フェダーン（Federn, P.）は、タウスク（Tausk, V.）のいう〈自我境界 ego boundary〉という語を用いて心の病理を説きました。

❖図｜Ⅰ-4-J▶

〈自我境界〉とは、［自我］と［エス］とのあいだと、［自我］と現実外界とのあいだにある境界のことをいいます。たとえば神経症の場合、この〈自我境界〉が健常者よりは希薄になりますが、現実吟味能力や統合性は保たれます。統合失調症の場合は、〈自我境界〉が非常に希薄となり、幻覚・妄想・作為体験・思考奪取・思考伝播などの症状が生じます。

エリクソンの発達論

また、生涯を通した自我の発達という視点から、エリクソン（Erikson, E.H.）は、フロイトのリビドー中心の心理・性的発達論に、対人関係、社会文化的要因、歴史的要因をふくめた、心理・社会的 psycho-social な発達論をあげています。エリクソンは、自我が適応していくか不適応に陥る

表｜Ⅰ-3-5▶

表｜Ⅰ-4-8▶

発達段階	心理＝社会的発達課題	基本的徳目（活力）	重要関係の範囲	社会的秩序の関連要素	心理＝社会的モダリティ	心理＝性的段階（フロイト）
I	基本的信頼感と不信感	希望	母性	宇宙的秩序	得る、お返しに与える	口唇－呼吸器的、感覚－筋肉運動的（取り入れモード）
II	自律感と恥、疑惑	意志	親	「法と秩序」	保持する、放出する	肛門－尿道的、筋肉的（把持－排泄的）
III	主導感と罪悪感	目的	基本家族	理想の原型（手本）	作る（求める）、「～のように作る」（あそび）	幼児－性器的、移動的（侵入－包合的）
IV	勤勉感と劣等感	適格	「近隣」・学校	技術的要素（原則）	ものを作る（完成する）、ものを結びつける	潜伏期
V	自我同一性とその拡散	忠誠	仲間集団・外集団、リーダーシップのモデル	イデオロギー的展望	自然に振舞う（振舞えない）、活動を共有する	青年期
VI	親密感と孤独感	愛	友情、性愛、競争、協力の関係におけるパートナー	協力と競争のひな型（模範）	自分を他者のなかに失い、そして発見する	性器期
VII	生殖感と沈滞感	世話〈いつくしみ〉	分業と家事の共有	教育と伝統の思潮	存在を作る、世話する	
VIII	統合感と落胆	英知	「人類」「私流の」	知恵	あるがままに存在する、非存在（死）に直面する	

表 I-4-8 エリクソンの発達段階と発達課題（エリクソン，1950）

かは、この発達課題を乗り越えられるかどうかにかかっているといいます。

母子関係の観察から

また、対象関係論とは逆に、乳幼児期の母子関係のあり方を客観的にみていこうとする試みがみられ、たとえばスピッツ（Spitz, R.A.）の「人みしり fear of stranger」の研究、ボウルビィ（Bowlby, J.M.）の「愛着理論 attachment theory」、マーラー（Mahler, M.S.）の「分離-個体化過程 individuation-separation process」の研究などがあげられます。

表 I-4-9 ▶ この学派の治療についてをまとめておきましょう。この学派は、現実外界を重視して治療をしていくことに特徴があります。

治療方法
子ども…遊戯療法と母親カウンセリング 成人…面接法（対面法）…自由連想法に対しては否定的
治療的態度
支持的・積極的態度
治療視点と技法
・支持（クライエントの自我防衛をかためる） ・乳幼児は治療過程で転移は生じないととらえる ・環境調整（environmental manipulation）としての母親カウンセリングを行う ・治療者の逆転移を活用する

【注】 環境調整とは，個人にまつわる環境，親，友人，教師などに個人が環境に適応させるために変化・修正をはかることをいう

表 I-4-9 自我心理学派の精神分析療法

5
自己心理学派

　コフートのいう"自己"とは、フロイトのいう［自我］とはちがって、「他者と関わる自分」という意味をもつ"自己"です。【自我心理学派】がいう「客観的な観察者からみた自分」という意味をもつ［自我］とも異なります。
　コフートは、「個人の心理的世界の中心」または「率先性と印象の受容の中心」である"自己"を重視し、"自己"の表現欲求が周囲の大人によって満足されるか否か、という点がコフートの理論の中心テーマとなっています。

自己愛へのまなざしから
　コフートは、パーソナリティ障害のひとつである空想や行動力における全般的誇大性、共感性の欠如、他者評価の過敏性などを特徴とする〈自己愛性パーソナリティ障害 narcissistic personality disorder〉に対する治療経験をもとに【自己心理学】を確立しました。
　その特徴は、従来、〈自己愛性パーソナリティ障害〉のクライエントは分析可能な"転移"が生じないといわれていましたが、彼の理論によれば、一定の"転移"関係が生じて治療可能であるというところにあります。
　また、コフートの理論では、フロイトのいう［自体愛→自己愛→対象愛］という発達過程とともに［自体愛→自己愛→成熟した対象関係］のなかに「健全な自己愛」もあるとされます。

◀ I-3-5 ｜表

　さらに、フロイトのいう男根期のエディプスコンプレックスについて、同性の親への自己主張や異性の親への関心などが、親から受け入れられて、喜びjoyを感じる子ど

もも多いことをとりあげ、「健全なエディプスコンプレックス」に注目し、これらの自己主張や関心が親から受け入れられない場合に、子どもは自己に損傷を受けて、攻撃的破壊的になるととらえました。

自己がまとまっていく時期

❖図│Ⅰ-4-K▶　コフートの自己の発達図式を見てみましょう。

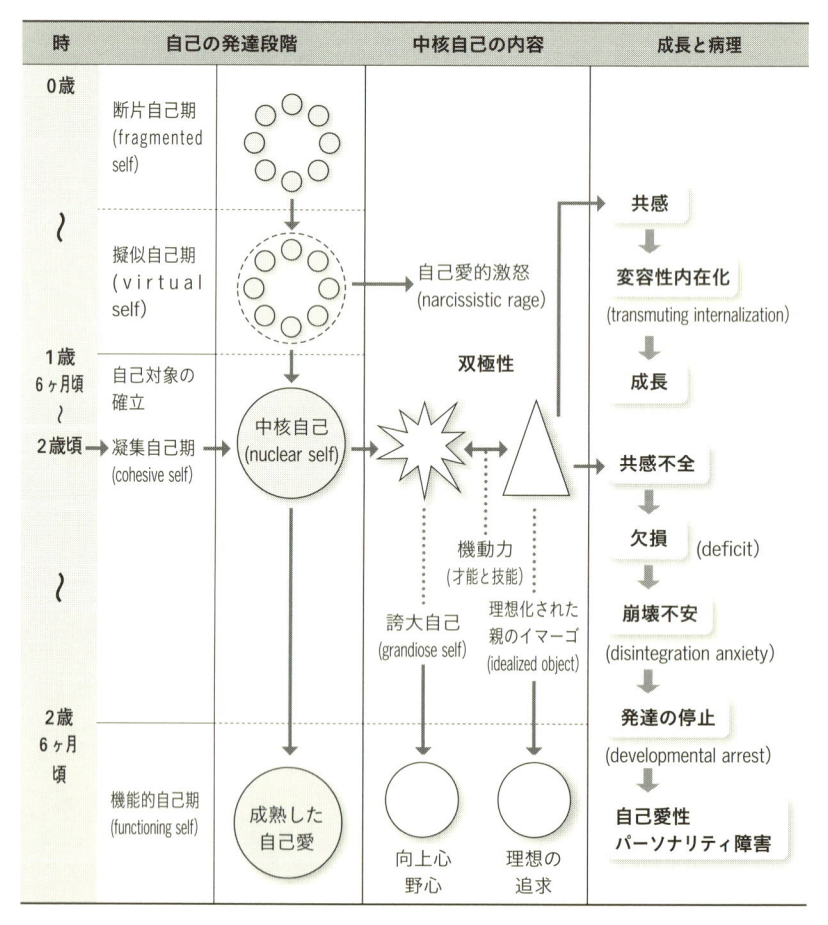

時	自己の発達段階	中核自己の内容	成長と病理
0歳	断片自己期 (fragmented self)		
〜	擬似自己期 (virtual self)	自己愛的激怒 (narcissistic rage)	共感 → 変容性内在化 (transmuting internalization) → 成長
1歳6ヶ月頃〜2歳頃	自己対象の確立 凝集自己期 (cohesive self)	中核自己 (nuclear self) 双極性 機動力(才能と技能) 誇大自己 (grandiose self) 理想化された親のイマーゴ (idealized object)	共感不全 → 欠損 (deficit) → 崩壊不安 (disintegration anxiety) → 発達の停止 (developmental arrest) → 自己愛性パーソナリティ障害
2歳6ヶ月頃	機能的自己期 (functioning self)	成熟した自己愛　向上心 野心　理想の追求	

図 Ⅰ-4-K　コフートの自己の発達図式

人生早期の"自己"は、断片的でまとまりがなく、欲求が中心であり、それを自己主張をしながら擬似的な自己を形成していきます。その過程で、自分の欲求どおりにならなかったり、母親から認められない場合、自己愛的激怒を示すことになります。

　1歳6ヵ月頃から"自己"は次第にまとまっていき、これを「凝集自己」と呼びます。また、2歳頃には「中核自己」といって、向上心や野心の源となる誇大自己と、父親と母親から取り入れた理想化された親のイマーゴimago（無意識的原形）との双極とで構成される"自己"が形成されます。

母親の共感によって

　この時期、母親が子どもの「中核自己」内容を十分に共感していけば、子どもは、現実の体験を通して「中核自己」を妥当なものへと調整していきます。この過程は〈変容性内在化 transmuting internalization〉といって、自己対象を内在化して「中核自己」を形成していくのです。以後、誇大自己は、向上心や野心へ、理想化された親のイマーゴは、理想の追求へと成長していきます。この時期を〈機能的自己期〉といいます。

　しかし、2歳頃、母親が「中核自己」内容を十分に共感できない（あるいは共感していない）場合には、子どもは、"自己"がまとまらない「崩壊不安」が高まり、未熟な誇大自己のまま、あるいは理想化された対象の喪失のまま、発達の停止が生じて、傲慢さと孤独な〈自己愛性パーソナリティ障害〉に陥ることになります。

転移内容を理解する

　コフートは、フロイトのいう"転移"を「傷ついた自己愛的自我の再保証」ととらえて、〈自己対象転移 self object transference〉と呼びました。そのありかたを図に示してお

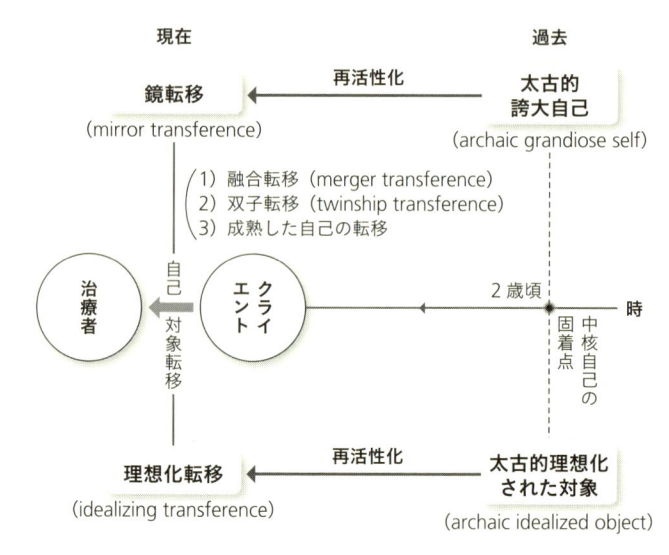

```
         現在                              過去
                    再活性化
       鏡転移  ←─────────────  太古的
                                誇大自己
    (mirror transference)
                                (archaic grandiose self)
           ⎧ 1) 融合転移（merger transference）
           ⎨ 2) 双子転移（twinship transference）
           ⎩ 3) 成熟した自己の転移
     自
     己  ┌───┐
    治 対  │クラ│         2歳頃
    療 象  │イエ│ ←─────────────    時
    者 転  │ント│                中核自己の
       移  └───┘                固着点

                    再活性化
     理想化転移 ←─────────────  太古的理想化
                                された対象
    (idealizing transference)
                                (archaic idealized object)
```

図 Ⅰ-4-L　コフートのいう自己対象転移のあり方

❖ 図│Ⅰ-4-L ▶　きます。

　先の図で、2歳頃の「中核自己」の双極である太古的誇大自己と太古的理想化された対象に固着（発達の停止）がある場合、治療過程において前者の内容は〈鏡転移〉として、後者の内容は〈理想化転移〉として生じます。

　前者の〈鏡転移〉は、自他の分化の程度によって三つに分けられます。つまり、自他未分化な場合、治療者とクライエントとが一体となった「融合転移」。この場合、クライエントは治療者を支配しやすくなります。また、やや自他の分化ができている場合、治療者とクライエントとの仲間・同朋意識をもつ「双子転移」が生じます。さらに自他の分化ができている場合には、クライエントなりの「誇大自己を示す転移」が生じます。

　一方、〈理想化転移〉は、治療者を過大に理想化し、過去の理想化された対象と同様にとらえる場合をいいます。

コフートは、治療においては、このような転移内容を共感し、解釈し、説明explorationすることを説いています。

自分自身を受容的にとらえるために

自己心理学派の治療についてまとめておきましょう。　◀ I -4-10 | 表

コフートは、治療において"共感"を強調していますが、来談者中心療法 client centered therapyのロジャース（Rogers, C.R.）も共感を重視しています。

"共感"についてロジャースと異なる点は、ロジャースはクライエントとの「感情的結びつき」を強調していますが、コフートの場合には、クライエントについての情報の収集や治療者による解釈によって「クライエントが自分自身を受容的にとらえること」をめざしている点です。

また、"共感"を価値中立的な「代理的内省」としてとりあげている点に特徴があります。

治療方法
成人…面接法
治療的態度
共感を主とした積極的態度
治療視点と技法
・人は，自己対象願望(自分を認めて欲しい欲求)と理想や指導者を求める願望がある ・自己対象転移内容の共感，解釈，説明を行う ・クライエントの変容性内在化を導く

表 I -4-10　自己心理学派の精神分析療法

6 間主観性論学派

「間主観性 intersubjectivity」とは、哲学者フッサール（Husserl, E.）の用語で、二人以上の人が同一の事象を見ているときの複数主観の認識論的関係をいいます。

コフートによる【自己心理学】の創案によって「関係性の病理」が強調され、その影響を受けて【間主観性論学派】が確立されました。

フッサールのいう「間主観性」は、自己が他者の身体を媒介として共有された世界を実現する客観性の基礎とされる用語ですが、【間主観性論学派】のストロロウによる"間主観性"の定義では、クライエントの主観的世界と治療者の主観的世界との間の相互交流によって作り出されるシステムのことをいいます。

主観的世界の相互作用

この学派は、クライエントの人生や人の発達に関して、治療者が客観的知識を所有しているとはとらえません。

従来の精神分析療法は、治療者自身の主観的準拠枠 frame of reference（個人がものをとらえる際の系統的な原理や思想）が中心であり、その準拠枠にもとづいてクライエントを治療者は、自分にとって筋の通ったテーマや関係性としてとらえていくものでした。

しかし、ストロロウらは、治療は、治療者とクライエントとの間主観的なコンテクスト context を抜きにしては論じえない、ととらえました。つまり、精神分析は、観察者の主観的世界と被観察者の主観的世界という、それぞれ別個にできあがった二つの主観的世界の相互作用に焦点を

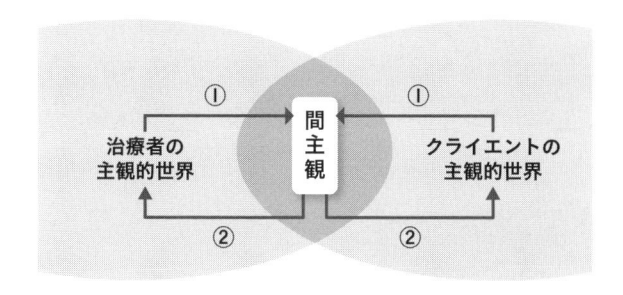

図 I-4-M 治療者とクライエントとの間主観性のあり方

あてる"間主観性"の科学であり、その観察者の姿勢には常に観察の対象となる間主観的な場の内側にあり、外側にはない、ととらえているのです。

交流とコンテクスト

このような見解からこの学派は、フロイトのいう治療者の「中立的態度」を否定し、治療者の持続的共感的探索態度や、クライエントをクライエント自身の主観的準拠枠の内側から理解し、自己体験をまとめるための「情動affectの交流」や「コンテクスト」を重視することが特徴です。

治療者とクライエントとの"間主観性"のあり方を図示するとこのようになります。

◀ I-4-M 図✥

①より、治療者とクライエントとのそれぞれコンテクストのある主観的世界の相互交流によって間主観が生じ、②、その内容をそれぞれの主観的世界にフィードバックし、さらに同様なくり返しがおこなわれて展開していくというものです。

自己心理学派と比べると

【間主観的論学派】とコフートの【自己心理学派】との相違点としては、次の四点があげられます。

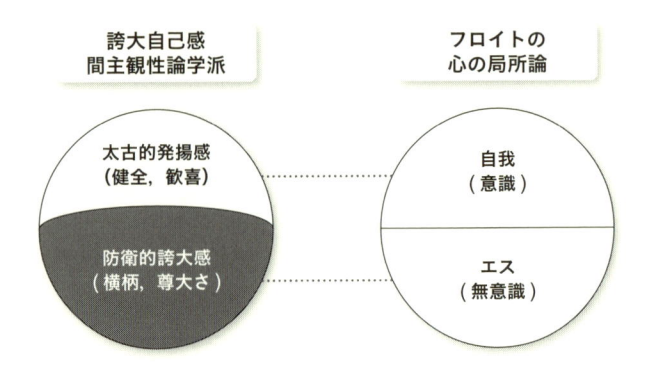

図 Ⅰ-4-N　誇大自己感の分裂

(1) コフートは、母子関係を通しての自己を重視しましたが、ストロロウらは、行動し、環境へはたらきかける発動者としてのagentを重視しました。
(2) コフートは、「共感不全empathic failure」の母親、つまり治療者側に立った用語をあげましたが、ストロロウらは、クライエント側に立った「自己対象不全self object failure」という語を用いました。
(3) コフートは、共感不全による「欠損モデル」を唱えましたが、ストロロウらは、クライエントとの間主観的コンテクストを重視し、「コンテクストをもった絆を通して自己対象機能が果たせる」ことを唱えました。
(4) コフートは、「中核自己」についてを双極性の分裂としてみましたが、ストロロウらは、「太古的発揚感archaic expansiveness」のある自己と、「防衛的誇大感defensive grandiosity」のある自己の二つをとらえました。前者の発揚感は、健全であり、後者の誇大感は、病的なものとしてみています。

❖図｜Ⅰ-4-K ▶

❖図　Ⅰ-4-N ▶

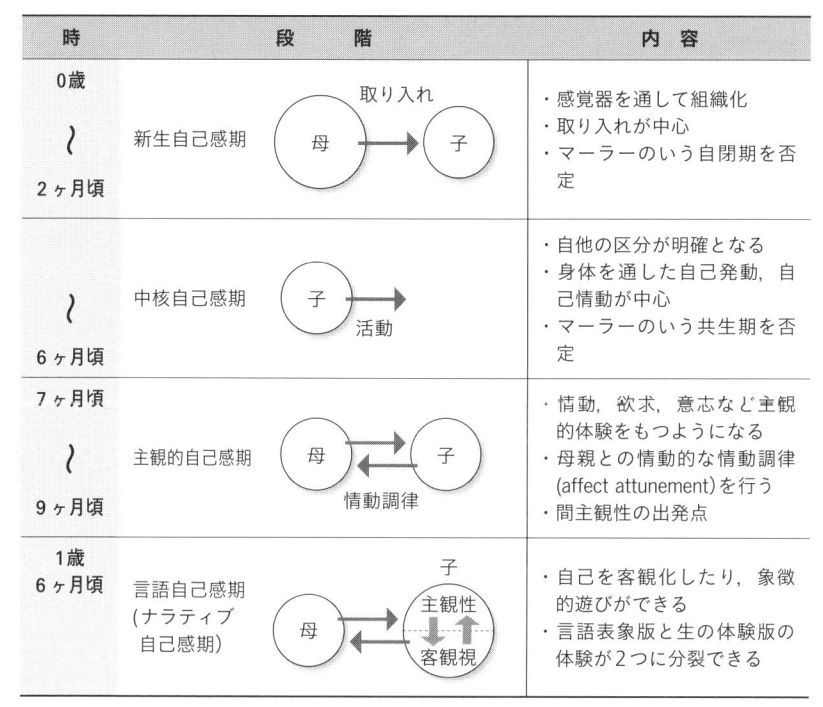

Chapter-4 精神分析の展開 65

時	段　　階		内　　容
0歳 〜 2ヶ月頃	新生自己感期	取り入れ 母 → 子	・感覚器を通して組織化 ・取り入れが中心 ・マーラーのいう自閉期を否定
〜 6ヶ月頃	中核自己感期	子 → 活動	・自他の区分が明確となる ・身体を通した自己発動，自己情動が中心 ・マーラーのいう共生期を否定
7ヶ月頃 〜 9ヶ月頃	主観的自己感期	母 ⇄ 子 情動調律	・情動，欲求，意志など主観的体験をもつようになる ・母親との情動的な情動調律(affect attunement)を行う ・間主観性の出発点
1歳 6ヶ月頃	言語自己感期 (ナラティブ 自己感期)	子 主観性 母 ⇄ ↓↑ 客観視	・自己を客観化したり，象徴的遊びができる ・言語表象版と生の体験版の体験が2つに分裂できる

図 I-4-O　スターンの自己感の発達図式

自己のフィーリング

【間主観性論学派】の根底には、スターンによる乳児期における〈自己感 self feeling〉の発達過程内容があります。その「自己感の発達」図式を示しておきましょう。　◀ I-4-O |図✥

　スターンの「自己感の発達」論では、情動と認知とがほぼ同時に発達するととらえます。また、〈自己感〉を「新生自己」「中核自己」「主観的自己」「言語自己」の四つの領域 domain に分けてとらえます。そして、その領域は、各段階で〈自己感〉がいったん形成されると一生涯を通して　◀ I-4-O　図✥
活動を続ける関わり合いの領域としてみます。

　また、スターンの乳児のとらえかたは、出生児より積極的な人としてみています。「新生自己感」期では、積極的

に母親からの取り入れをおこないます。「中核自己感」期では、身体的親密性をともない、自己発動・自己情動を積極的におこないます。

情動の模倣と共有

スターンらは、生後7〜9ヶ月にかけて母親との〈情動調律 affect attunement〉を通して"間主観性"の芽ばえが生じるといいます。〈情動調律〉とは、母親の感情的な応答性に対する鋭敏なアンテナのことです。つまり、母親と相互に情動を模倣しあい、情動の強さや波長を調整することによって、同じ情動状態を共有することです。

その後、ことばの習得によって、乳児の世界は広がって、自己を客観視し、ことばとイメージの体験と実際の生の体験とを区別できるようになります。

【間主観性論学派】は、とくにこの〈情動調律〉を重視し、母子間の〈情動調律〉のズレを「誤調律」、母親との情動が一致した場合を「親交 communion」とし、自分と母親との違いを察して関わる場合を「選択的調律」と呼んでいます。〈情動調律〉は、自己心理学でいう「共感を持続的におこなうこと」を意味します。

意味づけする準拠枠

【間主観性論学派】は、この〈情動調律〉を通して、〈オーガナイジング・プリンシプル organizing principle〉（自分の体験をパターン化し、了解できるテーマとして意味づけをする無意識的な準拠枠）が展開し、自己が明確に形成される、ととらえるのです。

また、この学派は、成人の精神病理について、この〈オーガナイジング・プリンシプル〉の機能不全としてとらえています。つまり、何らかの刺激が侵入 ingression して自己形成不全に陥った状態が、成人の精神病理と考えるわけ

です。

　ですから、この学派の治療では、体験の言語化articulationを重視します。治療の目的としては、体験の言語化によって、(1) 自己と他者と情動の区分が弁別できる、(2) 自己の矛盾した情動を統合できる、(3) がまん強さが養える、(4) 情動の身体的な表現から発達して言語化によって認知的変化をもたらす、この四つの機能が果たせるようになることをあげています。

　最後に、【間主観性論学派】の治療についてまとめておきましょう。

◀ I-4-11 |表

治療方法
子ども…遊戯療法 成人…面接法
治療的態度
持続的共感を主とした積極的態度
治療視点と技法
・治療者の感性(sensitivity)を重視 ・クライエントの話すコンテクストを理解する ・クライエントのオーガナイジング・プリンシプルの理解をする。長期の治療過程で治療者とクライエントとの非言語的な出会いのモーメント(now moment)が生じるとクライエントの自己は変化しやすい ・クライエントは，内省できる者が望ましい ・治療は長期になる

表 I-4-11　間主観性論学派の精神分析療法

第2部
Q＆Aで考える実践

臨床領域で精神分析療法、精神分析的心理療法が現在よりもさらに展開するために、訓練・教育を受けた多くの臨床家にこの療法を実施してもらい、多くのクライエントに役立てて頂くために、本書の第2部では、精神分析療法の問題点を整理し、筆者なりにそれらの問題への対応を提案してみたい。

　まず、問題の現状をとらえるために、以下の調査を実施してみた。
　2009年8月に臨床心理学関係の某学会において学会員206名（臨床家、主に臨床心理士あるいは臨床心理学専攻の大学院生）を調査対象として、以下の設問に対する回答を用紙に記入してもらった。

設問1 　今、精神分析療法あるいは精神分析的心理療法をクライエントに行っていますか

　　　　　　　　　はい　　　　　　いいえ

設問2 　精神分析用語はあなたにとってわかりやすいですか

　　　　　　　　　はい　　　　いいえ　　　　わからない

設問3 　精神分析に関する理論をあなたは十分、理解していますか

　　　　　　　　　はい　　　　いいえ　　　　わからない

設問4 　流派を問わず、治療、カウンセリングにおいて治療構造（場面構成）は大切であると思いますか

　　　　　　　　　はい　　　　いいえ　　　　わからない

設問5 　精神分析療法や精神分析的心理療法は科学的に根拠があると思いますか

　　　　　　　　　はい　　　　いいえ　　　　わからない

設問 6　精神分析療法家にすぐ成れると思いますか

　　　　　はい　　　　いいえ　　　　わからない

設問 7　精神分析療法や精神分析的心理療法は、治療が長期間かかることに問題があると思いますか

　　　　　はい　　　　いいえ　　　　わからない

設問 8　精神分析療法や精神分析的心理療法は、クライエントにとっては治療費が高いと思いますか

　　　　　はい　　　　いいえ　　　　わからない

設問 9　精神分析療法や精神分析的心理療法を行うとすればどのような問題があると思いますか。できればケースをもとにクライエントのプライバシーを配慮して自由に記述してください。

結果と考察

設問 1　はい30名　いいえ176名

回答者の約15％が、精神分析療法や精神分析的心理療法を実際に行っており、この調査を実施した意義はあったと思われる。

設問 2　はい15名　いいえ99名　わからない92名

回答者の約48％が、わかりにくいと答えており、今後、精神分析療法の各流派で用語の統一や類似性についてを検討していく必要があると思われる。

設問3 はい25名　いいえ63名　わからない118名
「はい」の回答者が、約12％であり、精神分析理論はわかりにくいようである。こうしたこともあって、本書では、わかりやすく精神分析理論を説くことを試みた。

設問4 はい134名　いいえ16名　わからない56名
回答者の約65％が治療構造の必要性を肯定しているが、比較的少ないように思われる。この問題については次のQ&Aで述べている。

設問5 はい16名　いいえ55名　わからない135名
科学的な根拠があるという回答者は、約7％であり非常に少ない。わからないの回答者も約65％と多く、この問題の難しさが感じられる。

設問6 はい0名　いいえ204名　わからない2名
回答から精神分析療法家にはすぐには成れないととらえていることがわかる。

設問7 はい100名　いいえ100名　わからない6名
この回答から長期の精神分析療法について肯定的と否定的とに二分されることがわかる。この点について次のQ&Aで述べている。

設問8 はい17名　いいえ2名　わからない187名
1回の治療費について具体的にいくらなのか公表されていないのでわからないの回答者が多かったと思われる。一応の相場が必要であると思われる。

設問9 この問いについては自由記述であり、その内容から主な問題を取り出し、Q&A形式で筆者なりに臨床経験や文献にもとづいて答えてみた。

■治療構造は必要か

Q1 私は、スクールカウンセラーをしている臨床心理士です。学校側から不登校生徒への訪問面接を依頼されますが、フロイトのいう治療構造を守ったカウンセリングは、学校では可能でしょうか。

A1 わが国の精神分析学会の会員の約48％が、またアメリカの精神分析学会も会員の半数以上が、臨床心理士であるといわれています。そして、とくにわが国の臨床心理士の多くは、学校でのスクールカウンセリングの任に就いています。その意味から、スクールカウンセリングの場面での精神分析理論や治療技法の適用の工夫が必要と思われます。

筆者が、まだそのシステムもない約30年前に、学校でスクールカウンセラーを始めた頃、まず、教師に対してカウンセリングの場面構成やカウンセリングの方法を説明し、教師による学校教育とは異なる点を理解してもらいました。

しかし今日では、双方でそのような相違点の話し合うことは少なく、学校側の要望に答えている臨床心理士が多いようです。訪問面接をおこなってクライエントに登校をうながしたり、クライエントと交流をもつためにボーリングをしたり、カラオケに行ったり、また、守秘義務を無視して、多くの教師に、クライエントとのカウンセリング内容を伝えたりする臨床心理士も多いようです。

筆者の見解では、治療構造を論じる以前に、大学院時にクライエントとラポールを形成する訓練をしていなかったり、あるいは心理療法に臨む基本姿勢というものを知らない臨床心理士が多いことに問題を感じます。その意味からも、たとえば拙著『やさしく学ぶカウンセリング』〔金子書房〕を用いたレッスンや、拙著『心理・精神療法ワークブック』〔誠信書房〕を用いたワークを

経験し、まず、ラポール形成ができることを体得してもらいたいと思います。

アメリカのスクールカウンセラーは、的確なガイダンスができる訓練をしています。しかし、わが国ではまだ中途半端な段階で、ロジャース流のカウンセリングをおこなうのか、それともケースワーカーのような環境調整をおこなうのかに迷い、一定の方針が確立していません。

筆者は、スクールカウンセリングにおいては、時間、場所、秘密厳守を定めた治療構造は大切であると思います。たとえば訪問面接をおこなうにしても、「親とは面接をしない」とか「生徒の自室で時間を決めておこなう」とか、学校側の登校に関する要請について話し合って、臨床心理士の方針を打ち出すことが必要であると思われます。

治療構造を軽視すると、何よりもクライエントの心が見えなくなることを知っておく必要があります。

心の治療か環境調整か

Q2 中学生2年生の不登校女子クライエントを治療していて、方針として迷うことは、クライエント自身の内面の変化に力点を置くべきか、それともクライエントの母親へのカウンセリング（過干渉的態度）に力点を置くべきか、という点です。このようなケースに対して、思春期治療か？ それとも環境調整か？ についての力点の度合いを教えてください。

A2 先に結論を述べますと、思春期の場合、クライエント自身の内面の治療と、母親の態度の変化をねらった環境調整の、「両面」のアプローチが必要であると思われます。

	アンナ・フロイト	メラニー・クライン
子ども	大人とは違う（無理がある）	大人と同じ
治療法	大人の自由連想法の修正が必要	自由連想法＝遊びを象徴解釈
技法	導入期、あるいは積極的陽性転移関係をつくる	おもちゃや遊びを導入することで自由連想法と等価
家族参加	情報収集と教育的配慮が必要	転移に対してマイナス
心の病	今、発達途上で親との間で神経症を形成する途上にある	すでに神経症的な構造（超自我）はできている

表 Ⅱ-1 アンナ・フロイトとメラニー・クラインとの相違点（妙木, 2002）

クライエントの心的現実を治療で重視するか、それとも環境調整もおこなうべきかの論争は、対象関係論学派のクラインと自我心理学派のアンナ・フロイトとの見解の相違から出発しています。それを表に示しておきましょう。

表 | Ⅱ-1 ▶

クライエント自身か、クライエントの親の、どちらを治療において重視するかは、クライエントの主訴や、治療期待や、年齢とも関係します。

たとえば、クライエントが自己を明確に知りたいとか、自分のパーソナリティを変化させたいなどといった主訴は、クライエントの心的現実と関わる治療が必要だと思います。逆に、いじめや非行といった環境要因が大きく影響した主訴や問題は、環境調整も必要です。

また、年齢が中学２年生までの子どもであれば、母親カウンセリングなどの環境調整を重視し、中学２年生以後のクライエントの場合、クライエントの心的現実と関わっていく治療が中心となります。その意味から、思春期はクライエント自身とその親への「両方」のアプローチが必要です。

筆者なりに、「クライエントの精神内界中心かそれともクライエントの現実外界（環境）をみていくか」、また、治療者がフロイ

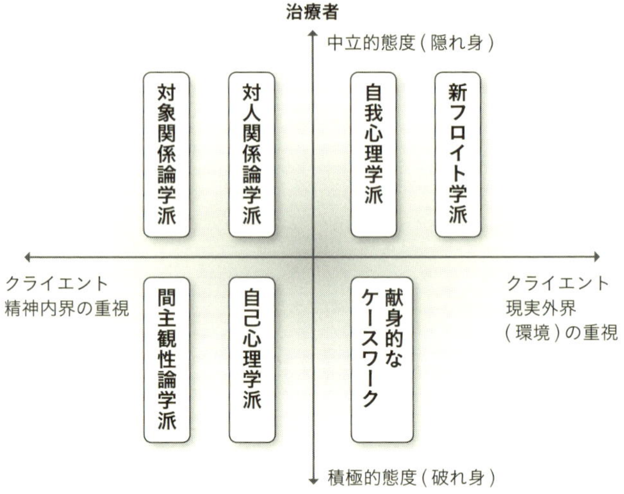
治療者
中立的態度（隠れ身）
対象関係論学派
対人関係論学派
自我心理学派
新フロイト学派
クライエント
精神内界の重視
間主観性論学派
自己心理学派
献身的なケースワーク
クライエント
現実外界
（環境）の重視
積極的態度（破れ身）

✣図 Ⅱ-A　クライエントの精神内界重視の程度と治療者の中立性の程度からみた精神分析的心理療法学派の位置づけ

トのいう「中立的態度（隠れ身）でクライエントに関わるか」の二軸を中心に、本書の理論編であげた精神分析的心理療法の六学派それぞれの位置づけを示したものを図示しておきます。 ✣図｜Ⅱ-A▶

わが国の精神分析療法家は、各学派間の閉鎖性はなく、和気あいあいと自由に討議しています。その意味から、図示した各学派の見解を参考にして、クライエントの特徴や治療期待に応じて適用していくとよいと思います。

また、ひとくちにクライエントの現実外界といっても現実外界（環境）の何を重視するのかによって、治療方針や方法も異なってきます。

たとえば、治療者とクライエントが出会う環境である部屋を中心としたロジャースのいう「治療的風土」、コフートのいう「自己対象環境」、ウィニコットのいう「抱える環境」などがあげられます。また、そのなかから、ウィニコットのいう「可

能性空間potential space」や、クラインのいう「心的空間psychic space」といった"内的環境"が重視されます。

　一方、クライエントの乳幼児期における心の発達にとってマイナスとなる環境としては、ボウルビィのいう「母親からの分離不安separation anxiety」、スターンのいう「母親との情動調律の断絶」、サリバンのいう「親のもつ不安の強さ」、あるいはウィニコットのいう「母性欠損からくる乳児への侵害」などの間接的なものがあります。また、生理欲求の不充足や、暴力や、虐待abuseなどの、直接的に心的外傷を与える環境もあげられます。これらの視点から、クライエントの現実外界（環境）の何を修正・改善していくのかを、とらえていかなければなりません。

隠れ身か破れ身か

Q3 治療中にクライエントから『先生は個人的にどんな芸能人が好きですか？』とか、『先生の中学時代はどうでした？』などと聞かれた場合、どの程度、自分のことを話してよいものかに迷います。

以前、20歳代の女性（異性）の不安神経症ケースの治療をしていて、フロイトのいう「中立的態度」で一貫して臨んで、面接はうまく展開しました。また、30歳代の男性の無口な対人恐怖症のケースの治療をしていて、私の個人的な意見などをかなり話したところ、面接は進みました。

このようなことからしても、治療者はフロイトのいう「中立的態度」で臨んだほうがよいのか、それとも心を開いて話す態度がよいのか、どちらが治療として望ましいのかを教えてください。

A3

今日の精神分析の動向は、「関係性 relational psychoanalysis」の病理と治療が主眼となってきています。「関係性」とは、治療過程での治療同盟のありかた、転移のありかた、また、クライエントの現実外界の対人関係のありかたのことをいいます。

とくにフロイト以前とフロイト以後とでは、この関係性のとらえかたに違いがみられ、前者はとくに父親-母親-クライエントの三者関係を中心に、また、後者はとくに他者（とくに母親）とクライエントとの二者関係を中心にみていくことが多いようです。

その際、治療者は、フロイトのいう「中立的態度」（①治療者は、どんな人物かをクライエントに明らかにしない不透明性／②治療者はクライエントの欲求を満たす対象にならないこと／③治療者はエス・自我・超自我から等距離の地点に立脚し、クライエントを偏見の目で見ないこと）をふまえて臨むか、あるいは、フェレンチに始まる「積極的態度」（クライエント側に治療者が順応し、クライエントの満たされない欲求を満たしてあげたり、非言語的交流を通して共感的に関わる態度）のどちらで臨むかの判断は難しいでしょう。

表｜Ⅱ-2 ▶ 「中立的態度」と「積極的態度」との比較をし、まとめておきます。

中立的態度	積極的態度
中立的・受動的・合理的態度の重視	積極的・柔軟的・共感的態度の重視
技法の科学性を重視	人間愛をもった態度の重視
治療者としての分別を守る「隠れ身」を保つ	人間的な親しみと愛情を表現する
「逆転移」を調整	「逆転移」を利用
クライエントの心の内面を重視する	クライエントの適応を重視する
父親的態度	母親的態度
治療の動機づけの希薄なクライエントとはラポール成立が困難	クライエントの「行動化」や「転移」が生じやすい

表 Ⅱ-2 中立的態度と積極的態度（小此木, 1964を修正）

今日のクライエントは、自分自身を解明したいことをねらって来談する者は少なく、むしろ心的外傷を癒してもらいたいという人とか、問題行動を示す人、あるいは葛藤を自覚しないパーソナリティ障害の人が多いようです。そうしたことから、フロイトのいう「中立的態度」で治療者が関わると、クライエントに苦痛を与えるという結果を生んでいます。

したがって、今日では、自己心理学派のいうように治療者はクライエントの心を"共感"していくことが重視されています。フロイトは、人の心は皆、異なることから、"共感的理解"は難しいととらえました。「共感」については、各心理療法流派でとくに重要視される態度ですが、筆者は、同じ「共感」という語にも無意識水準から意識水準までの幅があり、各臨床家のいう"共感的態度"の意味が異なるのではないかとらえて、

✣ 図 | II-B ▶ それを図にまとめてみました。

この"共感"と対極的なことばとして、治療者による"解釈"があります。"解釈"とは、"共感"のようなクライエントとの対等な応答ではなく、図II-Bでいうと［前意識］水準での治療者とクライエントとが心を交流させながら、治療者がクライ

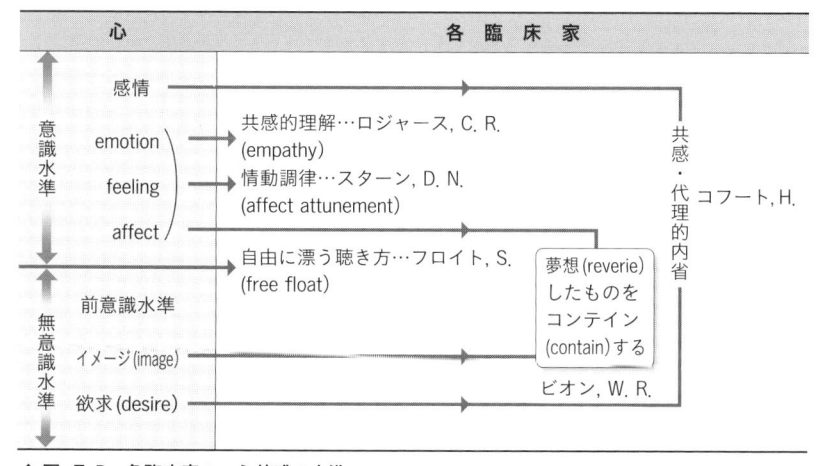

✣ 図 II-B　各臨床家のいう共感の水準

エントの［無意識］水準の内容を推察して、それをことばで伝えることをいいます。

　最近の《解釈》に関する調査研究の結果では、つぎのようなことが明らかになっています。治療者による正確な《解釈》は治療効果をまねくこと（クリッツ-クリストフら　Crits-Christoph, P. et al, 1988）、高頻度で「転移解釈」をおこなうと治療関係が行き詰まること（パイパーら　Piper, W. E. et al, 1991）、短期療法においてパーソナリティ障害など重篤なクライエントに対しては、低頻度の「転移解釈」が効果を生むこと（コノリィーら　Connolly, M. B. et al, 1999）、などです。このようなことから、治療者との「関係性」のありかたが《解釈》の治療効果を左右することがわかります。

　さらに、治療者による積極的な態度に関連しては、、治療者のクライエントへの〈自己開示 self disclosure〉の是非の問題があります。

　〈自己開示〉については、すでにジェラード（Jourad, S. M. 1971）が治療者の「透明性」「開示性」「誠実性」をあげて強調してきました。

　治療者の〈自己開示〉に関する調査研究には、つぎのようなものがあります。ブラスウェルら（Braswell, L. et al, 1985）によれば、治療者の〈自己開示〉頻度とクライエントの症状改善とは負の相関があることが明らかにされています。〈自己開示〉の内容については、エドワーズら（Edwards, C. E. et al, 1994）によれば、治療者とクライエントとの類似性があげられており、またワトキンス（Watkins, C. E. Jr. 1990）によって、治療者の適度な〈自己開示〉はクライエントの〈自己開示〉を促進することがあげられています。

　このようなことから、今日の臨床現場では、治療者による積極的な態度が強調されています。しかし治療者は、フロイトのいう「治療者としての分別」、とくに「倫理観」を守ることが大切であり、クライエントの特徴に応じた、治療者による適度

な〈自己開示〉も、治療関係を展開させると思われます。

個人心理療法か集団心理療法か

Q4 アルコール依存症のクライエントの治療に関して、一対一の個人心理療法よりも集団心理療法のほうがうまく展開するように思います。ケースの特徴や治療者のパーソナリティによって集団心理療法の適用がよいこともあるのでしょうか？

A4 たしかに、集団心理療法のほうが個人心理療法よりも治療効果を生むケースもあると思われます。そうした治療効果が高いケースとしては、たとえば、統合失調症の一部、アルコール依存症、反社会的パーソナリティ障害、摂食障害、青年期の非行などがあげられます。

　フロイトは、集団心理の特徴として「自己愛的」「退行的」「原始的」な点をあげて、否定的でしたが、ビオンは、集団心理療法の臨床経験をもとに対象関係論を構築しています。集団心理療法をおこなう治療者のパーソナリティとして、心理劇 psychodrama の創始者モレノ（Moreno, J. L.）のように、自己顕示性が強く、外向的なタイプがあげられます（モレノは、そのパーソナリティの違いからも、フロイトを嫌いました）。

　集団心理療法における利点をまとめておきましょう、また、集団心理療法の治療因子もまとめておきます。ビオンの集団心理療法の方法については、本書の理論編の表にあげてあります。

表｜Ⅱ-3 ▶
表｜Ⅱ-4 ▶
図｜Ⅰ 4 ▶

　一般に集団心理療法は、「支持療法 support」が中心であり、それを実施するには、治療者に心や時間のゆとりが必要です。また、個人心理療法に比べて〈治療構造〉を柔軟にして「非言語的交流」が重視されます。

(1)	対人関係の問題が，グループワークのなかで再現され，解決されやすい
(2)	複数のメンバーからの取り入れや模倣ができる
(3)	多面的な自己洞察ができる
(4)	個人心理療法で生じる治療者への「転移感情」が複数のメンバーによるフィードバックによって処理されやすい
(5)	集団の凝集性が高まるほどメンバーの「行動化」が生じにくい

表 II-3 集団心理療法における利点

(1)	良くなるという希望が出る	(7)	行動を模倣する
(2)	問題を分かち合う	(8)	対人関係の問題がその場で明確になる
(3)	情報を得る	(9)	浄化(カタルシス)
(4)	思いやりが生じる	(10)	集団凝集性が高まる
(5)	家族関係の再修正	(11)	実存的意義…人生の意味を確かめる
(6)	ソーシャルスキルの学習		

表 II-4 集団心理療法の治療因子（ヤーロム，1970）

　　　　治療効果を生むためには、ある程度、集団の凝集性があって、メンバーの〈自己開示〉が生じることが必要です。拙著『図表で学ぶアルコール依存症』〔星和書店〕も参考にしてください。

長期療法か短期療法か

Q5 不登校からひきこもりになった「回避性パーソナリティ障害 avoidant personality disorder」のケースをもう4年間も続けています。一方、学校でのスクールカウンセリングでは、わずか3回とか10回で終わっています。長期の治療とは異なる、短期療法の特徴を教えてください。

A5 　ここでとりあげる〈短期療法 short-term dynamic psychotherapy〉は、今日、注目されているド・シェーザー（de Shazer, S.）らの「解決志向療法 solution focused therapy」のことではありません。
　まず、短期療法が可能なクライエントについては、シフニオス（Sifneous, P. E.）が、表に示すような点をあげています。

表 | Ⅱ-5 ▶

　〈短期療法〉は、精神分析療法史における最初の非医師であるランク（Rank, O.）による「中断療法」に始まります。ランクの場合、治療期間を9ヶ月程度としましたが、マン（Mann, J.）の「制限時間内療法 time limited psychotherapy」は12回までで、シフニオスは、1回45分間で6回から14回までとしています。
　この〈短期療法〉のねらいは、"陽性転移"感情を活用して、クライエントの主訴、問題に関する原因を、短期間で、治療者の直面化・明確化・解釈を通して洞察させることにあります。

---

(1) give and take の対人関係が可能である
(2) 自分を変えたい動機がある
(3) 親友が1人以上いる
(4) 感情表出がある
(5) ストレスによる危機，不安，抑うつ，恐怖，強迫障害などが主訴であることが望ましい。パーソナリティ障害はなるべく除外

表 Ⅱ-5　短期療法が適用されるクライエント（シフニオス，1979）

(1) 外来治療形態が多い
(2) 治療効果が表面的になりやすい
(3) いきなり解釈をするのでクライエントは心的外傷を受けやすい
(4) 治療は，とかく知的，教育的な話になりやすい
(5) 終結において治療者の逆転移が生じやすい
(6) 重篤なパーソナリティ障害のクライエントは少ない

表 Ⅱ-6　**短期療法の特徴（シフニオス，1979）**

とくに、男根期以前の依存性、加虐・被虐性、自己愛的特徴、行動化などの問題は、なるべく現実的な解決へと進める点に特徴があります。
　シフニオスは、長期療法と比較した短期療法の特徴として、表のような点をあげています。

表｜Ⅱ-6 ▶

　また、〈短期療法〉にもシフニオス、マラン（Malan, D. H.）、マン、アレキサンダー（Alexander, F.）の四つの学派があり、これらも整理・比較しておきましょう。

表｜Ⅱ-7 ▶

　従来の長期の精神分析的心理療法と短期療法との治療効果に関する研究では、従来の〈長期療法〉のほうが治療効果があるという結果（バチェラ　Bachrach, H. 1993, フォナギーら　Fonagy, P. et al, 1999）が多いようです。しかし、なかには、〈短期療法〉のほうが治療効果があるという結果（リーマン　Leeman, C. 1975, マックネイリィら　Mc Neilly, C. et al, 1991）も示されています。
　〈短期療法〉は、精神科や心療内科のクリニックにおいて、また、学校におけるスクールカウンセリングに適用できます。スクールカウンセリングの短期療法の適用については、拙著『三訂：学校カウンセリング』〔ナカニシヤ出版〕が参考になるかと思います。

人名	シフニオス, P.E.	マラン, D.H.	マン, J.	アレキサンダー, F.
クライエント選択基準	厳密。精神病やパーソナリティ障害は除く	シフニオスと同様に厳密	重症のうつ病，急性精神病，大部分の境界例は除く。パーソナリティ障害は可	急性の神経症 慢性でも軽度の神経症
焦点	主にエディプス的神経症的葛藤	シフニオスと同様	前意識的または意識的な感情(affect)：現在に到るまで耐えてきた心痛	現在の実生活における急性の意識的な葛藤
技法 治療者の役割	非感情的な教師 (unemotional teacher)	非指示的な教師 (nondirective teacher)	共感的助力者 (empathic helper)	指示的な管理者 (directive manager)
方法	解釈，直面による不安挑発	解釈を通しての洞察	厳密に組織だった情動の検索	修正情動体験，転移操作
同盟	合理的	合理的	非合理的	混合
契約 期間の限定	なし	あり	あり	なし（途中からあり）
契約 焦点合意	あり	なし	あり	あり
転移 質	陽性→両価性	シフニオスと同じ	シフニオスと同じ	陽性
転移 管理	積極的	シフニオスと同じ	シフニオスと同じ	陰性転移は外界に転嫁
重点	治療中期	シフニオスと同じ	末期（終結期）	初期，中期
治療終結	重点なし 過去の対象の喪失ではなく，治療者の喪失が中心	臨機応変	治療に不可欠なもので，治療の中心となる	治療頻度の減少による（徐々の）"離乳"(weaning)
治療要因	葛藤への洞察	シフニオスと同じ	分離の達成	再適応の達成
学派	分析的	シフニオスと同じ	実存的分析的	修正的分析的

表 II-7　短期療法の各学派の特徴と差異（シフニオス，1979）

欲求を満たしてあげるか直視させるか

Q6 境界性パーソナリティ障害の治療において、クライエントの「依存欲求」をどの程度、治療者は満たしてあげたほうがよいのでしょうか？　また、「依存欲求」を満たさないほうがよいという立場もあります。精神分析的心理療法ではこの点をどのようにとらえているのでしょうか？

A6 　精神分析療法各学派では、フロイト流の「標準型」精神分析療法学派と、対象関係論学派、間主観性論学派、これら以外の学派には、クライエントの依存欲求をある程度充足させてもよいという治療観もあります。
　一方、上記にあげた学派は、逆に依存欲求の背景にある心の葛藤に直面させることを、治療において重視しています。対象関係論学派が代表となる前者は、[葛藤モデル]といわれ、自己

	コフート的治療態度	カーンバーグ的治療態度
	〔自己心理学〕	〔自我心理学的対象関係論〕
基本的理論	社会的，対人関係論的観点 現実的な母親の養育の重視	生物学的自我発達論と対象関係論との統合的観点 主観的な内的対象関係の重視
	現象学的－人間肯定的ニュアンス－現存在分析的 自己実現の能力の育成	メタ心理学的－対象関係論的 攻撃性とリビドー衝動の分析 超自我の分析
態度	共感的理解 非言語交流的 人間的暖かさ―臨床的	観察的 言語交流的 合理的明晰さ―理論的
技法	治療者との融合（自己－対象転移） 鏡転移・理想化転移による自己の育成	口唇期的攻撃性の明確化 転移の解明

表 II-8　コフート的治療態度とカーンバーグ的治療態度（前田，1985）

治療視点	支持療法	表現療法
治療の ねらい	防衛や抵抗を強化，自我の健康部分を支える	・表現しながら洞察や直面をねらう ・自我の健康部分を強化
転移に ついて	陽性転移を介して自我を支持する	・表現しながら陰性転移を洞察させる ・陽性転移を介して問題の原因の洞察や直面をさせる

表 II-9　支持療法と表現療法の相違点

心理学派が代表となる後者は、[欠損モデル]といわれています。
とくに境界性パーソナリティ障害 borderline personality disorder の治療に関して、後者の立場のコフートと前者の立場のカーンバーグ（Kernberg, O.）との比較を表に示しておきましょう。

表 | II-8 ▶

このような見解の相違が生じる根底には、〈攻撃性 aggression〉について、後者の［欠損モデル］の立場では「欲求不満 frustration」の結果、〈攻撃性〉が生じているととらえ、クライエントの欲求を充足させると〈攻撃性〉が軽減するとみます。一方、前者の［葛藤モデル］の立場では、〈攻撃性〉は「死の本能」にもとづくととらえ、クライエントの欲求を充足させることよりも、クライエントの心を支持 support したり、あるいは表現 expression をうながしたりして〈抑うつ態勢〉へ展開していくことをねらいとしています。

このクライエントを支持することと表現をうながすことにも、治療上において大きな相違点があります。〈支持療法〉と〈表現療法〉との相違点を示しておきましょう。

表 | II-9 ▶

また、クライエントの「依存欲求」を充足させるといっても、各学派によって充足させる程度は異なっていると考えられます。各臨床家のクライエントの欲求を充足させる程度を図示しておきます。

❖図 | II-C ▶

一般に治療［初期］においては、クライエントとのラポール形成上、ある程度、クライエントの「依存欲求」を治療におい

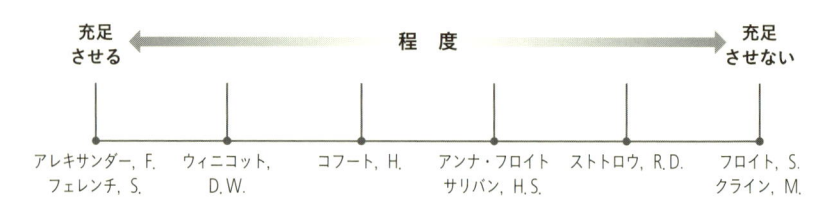

```
充足              程  度              充足
させる    ←─────────────────→    させない
  |       |       |       |       |       |
アレキサンダー,F.  ウィニコット,  コフート,H.  アンナ・フロイト  ストロウ,R.D.  フロイト,S.
フェレンチ,S.      D.W.                     サリバン,H.S.              クライン,M.
```

✧ 図 II-C 　各臨床家のクライエントの欲求を充足させる程度

て充足させることもありますが、治療［中期］からは、充足させることは少なくなります。

　フロイトは愛他主義altruismを嫌い、治療はクライエントの願望や欲求を満たすことではないと断言しています。

　筆者の経験上、境界性パーソナリティ障害のもつ「依存欲求」は留まるところがなく、次から次へとその欲求は増大し、自我の退行をまねき、その退行からもとへ自我を戻す技法をもたないことには、治療は膠着状態に陥りやすいととらえています。

　また、自己愛性パーソナリティ障害に対する治療についても、筆者の経験上、わずか2ケースのみのパーソナリティが変化した例ですが、コフートのいう"共感"のみによっては治療は展開せず、過去の親子関係や対人関係のありかたについて、治療者による解釈や説明が何度もおこなわれてようやく変化していった点があげられます。

　治療者の共感、自己開示、クライエントへの依存欲求の充足を強調する臨床家は、思いやりのあるパーソナリティの者が多いようです。しかしながら、「やさしさがあだになる」ことも心得ておくべきでしょう。

　また、わが国では、中間学派のウィニコットが、臨床領域で注目されるのは、土居のいう「甘え」と関連して、この国の人たちのもつ依存欲求を重視している点があると思われます。

ことば、イメージ、夢、行動をどのようにとらえるか……•

Q7 高校2年生女子のリストカットをするケースを治療しています。その過程で、夜みた夢を話したり、親に暴力を振るった話をしたり、親子関係や友人関係のトラブルについて話したりします。治療過程においては、ことば、イメージ、夢、行動などと、さまざまな「表現」形態がありますが、精神分析的心理療法では、これらの表現形態をどのようにとらえていますか？

A7 一般に、リストカットをする原因としては、つぎのようなものが考えられています。
(1) 他者へ注目してもらいたいため、
(2) 自分に失意を与えた対象を攻撃するため、
(3) 現実感覚をつかみたいため、
(4) 自分の葛藤から回避するため、などがあげられます。
 とくに青年期クライエントやシュナイダー（Schneider, K.）のいうヒステリー性格の（未熟で勝気、自己顕示欲が強い）クライエントは、さまざまな表現形態で自己を表現しやすい傾向にあります。

 精神分析的心理療法では、ことば、イメージ、夢、行動などで表現された内容を、治療者とクライエントとでその意味についてことばで吟味することが重視されます。
 まず、イメージについては、ユングの分析心理学派がその機能を強調しており、箱庭、コラージュなどの手段を用いてイメージの変化を心の変化としてみています。
 最近では、フランスの精神分析療法家のティスロン（Tisseron, S.）が、イメージのもつ包摂力と変容力をあげて、イメージは人を包み込み、安心感を与え、イメージによって自己を変容させる力が生じることを説いています。

治療者の視点（シーガル，H.）
・時間軸…面接の流れをみて各面接ごとにとらえていく ・空間軸…クライエントが夢を話す態度をみていく

夢内容のとらえ方			
意識水準	①今のライフイベントからのストレスとして	心の葛藤としての夢	…ウィニコット，D. W.
	②今の対人関係や人間関係のあり方として	クライエントの情緒内容としての夢	…神田橋條治
	③治療者との関わりのあり方として	事態夢 state of affairs	…フェアバーン，W. R.
無意識水準		願望内容	…フロイト，S.
	④クライエントの心の発達上の問題として	うけいれがたい事象，β機能の事象	…ビオン，W. R.
	⑤本能的，原始的特性から	無意識的幻想	…クライン，M.

❖ 図 Ⅱ-D　精神分析的心理療法では夢をどのようにとらえるか

また、"夢"については、フロイト以来、治療においてさまざまな観点があります。

ここで、精神分析的心理療法における"夢"のとらえかたを、

❖ 図｜Ⅱ-D ▶ まとめておきましょう。"夢"を治療中にとらえていく場合、シーガル（Segal, H.）がいうように、各回の面接で治療の流れのなかから"夢"内容をクライエントがそれを話す時の態度とともにとらえていきます。また、クライエントの［意識］水準から

❖ 図｜Ⅱ-D ▶ ［無意識］水準までの、図Ⅱ-Dの①から⑤のどのテーマを"夢"が示しているのか、各臨床家のいう"夢"の意味のうちどれか、を判断してとらえていきます。

ところで、今日、俗に「キレる」という語が用いられているように、怒りを行動で示したり、暴力、リストカット、過食、拒食、盗み、性非行、性犯罪などの〈行動化 acting out〉を示すクライエントが多くなっています。

フロイトは〈行動化〉については、反復くり返し、内面を直

視できないために、否定的でした。〈行動化〉は、"夢"内容と同様にとらえるべきであるという臨床家や、重篤な病理をもつクライエントほど〈行動化〉を示しやすいという臨床家も多いようです。ビオンは、β要素を心が受けいれがたいために〈行動化〉を示すといいます。一般に「行動」というものは、いったんおこなってしまうと「あとの祭り」というように、修復できないことが多いものです。

しかし、治療過程での〈行動化〉について、今日では、フロイトの時代とは異なり、意外に寛大に受けとめられ、クライエントの表現形態としてみなし、逆転移からの〈行動化〉を吟味して、そのことからクライエントの内的世界をとらえていこうとする方向がみられます。たとえば、治療者側が面接時刻を間違えてクライエントの側が行動化した場合、治療者側の何がそのことに影響を与えているのか、についてみていくというものです。

また、ことばについては、パリ・フロイト学派のラカン（Lacan, J.）は、［無意識］世界はすでにことばによって構造化されているととらえ、治療におけることばの力を重視しています。

フロイトはことばを、心を治療していく工具として重視しました。とくに、ことばによって心を表現することにより、自分のもっている欲求が何かを知ることができるのです。フロイト

---

(1) コミュニケーション，伝達手段として
(2) 意味を整理し，意識化できる
(3) 表現，カタルシスとして
(4) 物語化
（クライエントの話すことを物語として聞く）
(5) ことばで話したことを対象化してさらにことばにする

表 II-10　ことばの役割（北山，2003）

は、転換ヒステリーのクライエントを「夢に生きる人」ととらえ、ことばでの表現へと導くことによって、「ありふれた不幸」への耐性がつくられる、といいました。

表 | Ⅱ-10 ▶　　参考までに、北山による「ことばの役割」をまとめたものを紹介しておきましょう。

　　ことばに関連して、昨今の精神分析の動向を紹介しておきましょう。

表 | Ⅱ-10 ▶　　心をことばにしていく「ことばそのもの」の重要性よりもむしろ「話すこと自体」、あるいは表Ⅱ-10の（4）に示した物語として話す「語りnarration」や「文脈context」あるいは「物語storyそのもの」を重視し始めています。たとえば、間主観性論学派のオグデン（Ogden, T. H.）などは、クライエントの話す内容を「物語」としてみて、それを文脈として理解していくことを強調しています。

第3部
エビデンスからさぐる心の深層

Chapter 1 無意識と科学性について

1 臨床心理学における科学

　ヤスパース (Jaspers, K. 1913) は、フロイトの精神分析について「かのごとき了解」といって"科学性"がないことを批判した。臨床領域での"科学性"とは、予測性・実証性、治療効果の信頼性のことをいう。本書の第2部【Q&Aで考える実践】における調査結果からも、精神分析療法、精神分析的心理療法は科学的根拠が「ない」と回答した者が約27％もいて、「わからない」と回答した者が約65％もいた。このことからも精神分析についての科学性を確立していくことは容易ではないことが推察される。

　心理学の分野でも、筆者が心理臨床を始めた頃、「臨床心理学は科学性がない」と批判され、実験心理学が王道を走っていた。1990年に日本臨床心理士資格認定協会による臨床心理士の資格制度ができて初めて、臨床心理学の心理学界での位置が確保されたように思われる。また翻って、今日の精神医学の領域では、EBM (evidence based medicine) が叫ばれ、科学性の乏しい診断名や治療方法は評価されなくなってきている。

　精神分析療法家のなかには、最初からアンケート（調査）や実験などに価値を置かず、それらの方法は、面接法よりも研究方法としては評価できないと断定している者もいる。しかし、何事も経験してみるもので、何度も調査や実験などをおこない、精緻な統計を用いて臨床的データを明らかにしていくと、意外に、面接法とは異なった内容の濃いものがわかってくるものである。

　この第3部【エビデンスからさぐる心の深層】では、精神分析療法学派の臨床家のために、今後の精神分析の科学性を確立していくことを願って、少しでも役立つデータを提示してみることにした。

2
精神分析における実証的研究

ワーラースタイン（Wallerstein, R. 2006）は、精神分析療法、精神分析的心理療法についての実証的研究の歴史を四世代に分けている ▶表Ⅲ-1-1。このような実証的研究の歴史はあるものの、今後も、精神分析療法、精神分析的心理療法の治療効果について、実証的に明らかにしなければならないと思われる。

治療効果は、治療目的と関連している。

フロイトは、精神分析療法の目的として次の三つをあげている。
(1) 抑圧され抵抗されるコンプレックス（心の問題）の覆いをとること。
(2) 転移神経症 transference neurosis をつくりだして、クライエントの症状（問題）と置きかえること。
(3) 自我を強化し、自我を自由にすること。

フロイトの生涯においても、臨床経験とともに治療目的は変化していった。また、本書の第Ⅰ部【図解でまなぶ理論】編でも既述したように、各学派ごとに治療目的は

世代	主な内容	問題点
第1世代 （1917年～1968年）	・回顧的研究(retrospective research)が中心	診断が不明確なケースのデータが多い 単純な統計処理中心
第2世代 （1959年～1985年）	・治療結果の予測や展望的(perspective research)が中心 ・治療者と別個に評定者を設ける	治療終結期のどの時点でデータをとるかの問題が残る
第3世代 （1954年～1986年）	・フォローアップ中心の研究 ・支持療法の効果がわかる	フォローアップの結果は、治療終結時のアセスメント内容からでは予測がつかない
第4世代 （1970年以後）	・コンピューターや録音を用いた研究が中心 ・アメリカを中心に研究がヨーロッパにも拡大する	治療場面での録音をすることに対する問題（反対意見もある）

表 Ⅲ-1-1　精神分析療法、精神分析的心理療法の実証的研究の歴史（ワーラースタイン、2006）

異なっている。このようなことから、今後、精神分析療法、精神分析的心理療法の治療目的を明らかにしていくことだけでも容易ではない。

わが国の鈴木（2010）は、精神分析に関する伝統的文献と1959年から2006年までの主にアメリカでの精神分析療法、精神分析的心理療法に関する実証的研究の論文16本との比較から、精神分析療法、精神分析的心理療法の治療目的の内容を検討している。その結果では、治療目的の内容は、精神分析療法家間でまた、研究者間で異なることが明らかにされている。

また、治療効果をみていく場合、それを客観的にとらえていく手段として、(1) 何らかの評定尺度を用いる、(2) 心理テストを用いる、(3) 調査面接法を用いる、(4) 治療過程の録音内容を用いる、(5) 無作為割付対照試験を用いる、などがあげられる。

ロシュ（Roth, A.）やフォナギー（Fonagy, P.）が1996年以後、心理療法の効果について研究しているが、信頼できる方法論が乏しいこと、また、治療効果の評定を誰がするかについて、治療者、クライエント、第三者、の三通りをあげている。さらに重要なのは、治療効果をとらえていく場合、治療終結時のいつの時点での治療効果をみていくかという点もあげている。

鈴木（2010）は、精神分析療法、精神分析的心理療法の治療目的を、各臨床家の観点をもとに、(1) 無意識の意識化、(2) 自我の変化、(3) 適応、(4) 心理構造の変化、(5) エス領域の変化、の五つのカテゴリーに分けている。今後の実証的研究では、この五つのカテゴリーから、治療効果を見ていく必要があると思われる。

精神分析療法、精神分析的心理療法は、自由連想法以外は主に「面接法」によって治療が進められる。精神分析に関する実証的研究をおこなう場合、この面接において客観的な評定ができることが重要である。

右頁の表は、さまざまな目的で用いられる面接用の客観的な尺度をまとめたものである　▶表Ⅲ-1-2。

3
無意識について

"無意識unconsciousness"という語は、(1) 記述的、(2) 局所的（第Ⅰ部の表Ⅰ-3-2を参照）、(3) 力動的な意味、の三つで用いられ、(1) は、日常的に「つい気

尺度名	特徴
DIB 境界例診断面接 (diagnostic interview for borderline) ガンダーソン(Gunderson, J. G.)が作成	境界性パーソナリティ障害の診断に用いる。クライエントに112項目，面接者に54項目の質問項目がある。 わが国では，三宅らによるDIB日本版がある。
AAI 成人愛着面接 (adult attachment interview) マイン(Main, M.)が作成	個人がどのような愛着パターンをもち，その結果どのような心的状態かを明らかにする。1)安定，2)離脱（愛に対する記憶を打ち切る），3)とらわれ（愛されなかった怒りが強い），4)未解決（心の傷がある）に分けられる
CCRT 中心葛藤関係テーマ法 (Core Conflictal Relationship Theme method) ルボルスキー（Luborsky, L.）が作成	面接2回分から最少10テーマの関係性エピソードを選び出し，それぞれ，願望，他者からの反応，自分の反応を判定し，クライエントにとっての重要人物，治療者との関係テーマを明らかにする。
POS 精神療法Qセット (psychotherapy process Q-set) ジョーンズ(Jones, E. E.)が作成	1回の面接をQソート法でクライエントの特徴，治療者の特徴，治療者とクライエントとの関係の特徴を明らかにする。 わが国では，守屋らの日本版がある。
SWAP - 200 (Shedler-Westen Assessment Procedure-200) ウェステンとシェドラー（Westen, D. & Shedler, J.）が作成	3回の診断面接の後，200項目について臨床家が面接を評定する。主にパーソナリティ障害の診断に用いられる。思春期版もある。

表 Ⅲ－1－2 面接で用いられる尺度

づかずに」とか「意図しないで」などというように用いられている。(2)は、自我に対極するエス領域からの力を意味して用いられ、(3)は、無意識世界の欲求内容を述べるときに用いられる。

歴史的には、17世紀にラ・ロシュフコー（La Rochefoucauld）やライプニッツ（Leibniz, G.W.）のモナド論 monadologic に「無意識」という語が用いられたり、ショーペンハウエル（Schopenhauer, A.）が「意識なしの意志」という語をあげている。また、19世紀には、ニーチェ（Nietzsche, F.W.）が「人を動かす意識されぬもの」という語を唱えている。

フロイトは、心理学者ヘルバルト（Herbert, J.F.）やベルネーム（Bernheim, H.M.）の後催眠性暗示 post hypnotic suggestion の影響を受けて、無意識についてを論じていった。「無意識世界が実際に存在する」という実感は、催眠療法 hypnotic therapy をおこな

ったことのある臨床家は誰もがもっていると思われる。

　19世紀の中頃まで"無意識"は、(1) 意識よりも記憶が豊富である、(2) 鋭敏な自律神経系の知覚を備えており、直接に意識的知覚に影響を与える、(3) 外部感覚は覚醒時とは違っている、(4) 筋緊張の変化、四肢の弛緩や筋強剛がみられるという特徴がわかっていたが、フロイトによって"無意識"について、(1) 抑圧された情動があること、(2) 意識と無意識とのあいだを心（自我）が調整していること、(3) 幻想は、欲求の表現であること、(4) 生の本能と死の本能とが潜在していることが説かれ、このことは、当時の精神医学、心理学、社会学、文化人類学などに大きな影響を与えている。

　また、無意識世界は、フロイトによる「重層的決定論 multi determinism に」始まり、その弟子のユング、また、ソンディ（Szondi, L.）などは、奥行きがあり階層になっているととらえている。このようなとらえかたの背景には、人の心、身体を層構造としてとらえていく〈層理論 stratum theory〉がある。〈層理論〉は古くから提唱され、パーソナリティを層としてみるローケッタル（Rothacker, E.）やジャクソン（Jackson, J.H.）による脳神経系の層的とらえ方（ジャクソン学説）があげられる。

　ところが、昨今のポストモダニズムの社会構成主義理論 social constructionist theory では、無意識世界の「階層」説は否定され、その世界は無秩序であるため、治療においてはその内容を解明する必要はないととらえている。

　しかしながら、心理テストを実施する臨床心理学者の見解では、「心理テストの質問紙法や調査は心の意識水準を、投影法は心の無意識水準をとらえられる」という命題がある。

　シュナイドマン（Shneidman, E.S. 1949）は、無意識水準から意識水準までの層とそれを測定できる心理テストの種類との関係を示している　▶︎✧図 Ⅲ-1-A。

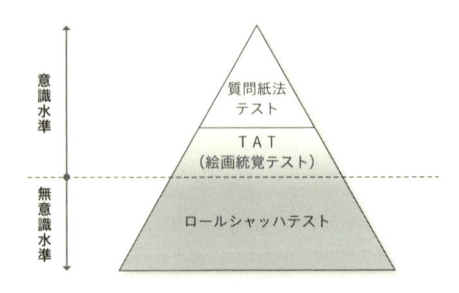

✧図 Ⅲ-1-A　心の層と心理テストの種類との関係（シュナイドマン，1949）

Chapter 2　現代青年の心の深層

　シュプランガー（Spranger, E. 1924）は、「青年は、その時間的展望を過去と未来とに急速に拡張させる」と述べている。このことから、筆者は、今後、この国の将来はどのように展開していくのかをみていくために、現代の青年の心の深層内容を明らかにしていくことを試みた。心理テストと心の層との関係を参考にして　▶✢図Ⅲ-1-A
現代青年の心の内容を意識水準から無意識水準までの段階に即して、以下に示す八つのテーマを設けて、各種の心理テストを用いて明らかにしていくことにした。
　一般に、このような大きな目的をもって実証的に研究していく場合、多くの研究者の協力や多くの調査対象が必要であり、プロジェクトを組んで実施していくことが多い。以下の研究は、厳密には予備研究 pilot study であり、今後、多くの研究者が、筆者の研究テーマに関心をもち、さらに精緻で厳密なものにしていくことが望まれる。

テーマ 1
現代の青年は青年期の危機に直面しているのか

　エリクソン（Erikson, E.H.）のいう青年期の自我同一性 ego identity の危機論は、アメリカにおいて1950年代から1970年代まで、青年期を論じるうえで長く注目されてきた。わが国では鑪らによって「アイデンティティ研究の展望」というテーマをシリーズでまとめあげられ、紹介されてきた。
　筆者は、大学生時よりこの「自我同一性の危機」論についてが研究テーマであった。筆者はこの「危機」論をさらに展開させて、クレッチマー（Kretchmer, E.）のいう心身の発達不均衡からくる思春期の危機、アンナ・フロイトのいう思春期の自我とエスの葛藤論、また、ブロス（Blos, P.）のいう青年期の分離―個体化論を参考にして、

1989年に「青年期の自我発達上の危機状態 ego developmental crisis state」という概念を提唱し、その質問紙尺度（ACS; adolescence crisis scale）を作成した。

その定義は、青年期を暦年齢的に中学・高校・大学生時と定め、その過程で親子関係上の独立と依存のアンビバレンスや自我同一性の確立の葛藤が生じ（A水準）、この発達的葛藤から自我の弱い者は不適応状態に陥ることもある（B水準）というものである。ACSは、A水準26項目（発達的葛藤項目）、B水準24項目（不適応内容項目）の質問項目で構成されている。この尺度は1986年から今日まで、健常青年や不適応青年に何度も実施された結果、尺度の信頼性・妥当性は確認されて販売されている（千葉テストセンター）。このACSを用いた筆者による1986年からの調査35種の研究結果は、「青年期の自我発達上の危機状態に関する研究」〔ナカニシヤ出版〕という書籍名で刊行されている。以下は、その主な結果の要約である。

目　的
現代の青年は、青年期の危機にどの程度の割合で直面しているかを明らかにする。

方　法
ACSなど多くの心理テストを用いた。

調査対象と調査時期
中学・高校・大学生の健常青年が中心。調査時期は1986年から1999年までで調査を35回実施する。

結果と考察
ACSを用いた青年期の自我発達上の危機状態に関する35回の調査結果から以下のような点が要約できた。

(1) 青年期の自我発達上の危機状態は、発達的に中学・高校生時に高まり、大学生時には低下する。その学年差と性差に関して、次のようなことが明らかにされた。

中学生時は、中学2年生時は女子のほうが男子よりも、また中学3年生時は逆に男子のほうが女子よりも危機状態は高まること、および高校生時と大学生時には、危機状態の学年差と性差は認められないこと、また、高校生と大学

生は、危機状態に学校環境が影響していることが明らかにされた。
(2) 青年期の自我発達上の危機状態に影響を及ぼす要因として次の6要因をとりあげた。①自我の強さの程度、②ライフイベントの有無、③現在の家族関係のありかた、④現在の交友関係のありかた、⑤前思春期の同性の親友chumの有無、⑥幼児期の親子関係のありかた、⑦現在のエディプス／エレクトラコンプレックスの有無。この要因をとりあげて、多くの心理テストを用いて統計的検定をしたところ、「自我の強さ」の程度が、青年期の自我発達上の危機状態に最も強く影響を及ぼしていることが明らかにされた。
(3) 青年期の自我発達上の危機状態に陥る過程については、中学生の場合と高校生の場合で、その過程は異なっていた　▶✣図Ⅲ-2-A。
　中学生の場合は、特別なライフイベントがなくても「自我の強さ」の程度によって親子関係の葛藤や自我同一性の葛藤（A水準）が生じて、その対処方略copingのまずさから不適応状態（B水準）に陥るという過程であった。
　一方、高校生の場合は、交友関係上のトラブルや成績の低下などの「ライフイベント」の衝撃度と自我の強さの程度との相互作用の結果、親子関係の葛藤や自我同一性の葛藤（A水準）が生じて、その対処方略のまずさから不適応状態（B水準）に陥るというものであった。
(4) 中学生・高校生の場合、危機状態A水準（発達的葛藤）へ陥る青年の確率は、10名中約3名であり、さらに危機状態A水準から危機状態B水準（不適応状態）へ陥る青年の確率は、10名中約3名であることが明らかにされた。すなわち、健常中学生・高校生において、10名中約3名の割合で、親子関係上の「独立と依存の葛藤」や「自我同一性の確立の葛藤」が生じており、さらにそのなかから10名中約3名の割合で不登校・心身症などの不適応状態に陥りやすいという確

---

(1) 中学生の場合
特別なライフイベントがなかった場合
自我の強さの程度⇒危機状態A水準の葛藤（自我発達上の葛藤）⇒危機状態B水準（不適応状態）

(2) 高校生の場合
ライフイベントがあった場合
ライフイベントの衝撃度
⇕
相互作用⇒危機状態A水準の葛藤（自我発達上の葛藤）⇒危機状態B水準（不適応状態）
⇕
自我の強さの程度

✣図 Ⅲ-2-A　青年期の自我発達上の危機状態A水準からB水準へ経過していく過程（長尾, 2005）

率が明らかにされた。

今後の課題
(1) 本研究の調査対象は、主に1990年代の健常青年である。現代青年といってもいつの時期の青年なのかが重要であり、21世紀に入った健常青年を対象に青年期の自我発達上の危機状態をみていく必要がある。
(2)「自我の強さ」の程度が、青年期の自我発達上の危機状態を左右する大きな要因であることがわかったが、本研究では、バーロン (Barron, F.) やキャッテル (Cattell, R.B.) の自我強度尺度を用いた。現代青年の自我の強さを正確にとらえるには、自我心理学派のいう自我強さを基準とした、また、現代青年の特徴をふまえた尺度作成の工夫が必要である。
(3) 1990年代のわが国の青年は、調査の結果、青年期の危機に直面するものは少ないことがわかったが、直面しないまま、その後どのような経過を経ているのか、本当に現代の青年にとってアイデンティティの確立や親からの独立は必要ないものなのか、を明らかにしていく必要がある。

コラム 1　母性とはなにか

　母性（motherhood）とは、子どもに対する母親の保護、慈愛、献身など一連の行動をいうが、この母性について昨今、多くの論議がなされている。従来、母性は、女性に生得的にそなわった本能的なものであるととらえられてきたが、バディンター（Badinter, E.）などによって母性は本能ではなく社会や文化、夫婦の関係、母子関係によって多様な形態をとることが指摘されている。精神分析での「コンテイン」、「共感」、「抱っこ」などの用語は母性と関連し、現代の母親は、孤立、あふれる情報による混乱、多忙な仕事によって母性について悩まされている。

テーマ 2
新しい自我強度尺度作成の試み

　「自我の強さ」という概念を最初に唱えたのはフロイトである。この概念は、今日まで主に臨床領域で、とくに自我心理学派の臨床家が重要視してきた。自我の強さをとらえる尺度については、バーロンによるもの、キャッテルによるものなどの質問紙尺度とベラックらによる面接法、クロッパーら（Klopfer, B. et al）によるロールシャッハテストを用いた測定法がある。
　しかし、ベラックらによる面接法以外は、自我心理学派のいう自我の強さの概念からとらえた尺度ではなく、また、ベラックらによる面接法は信頼性や妥当性が乏しいことも指摘されている（Burns, D.P. 1991）。鈴木（2010）は、精神分析療法、精神分析的心理療法の治療目的や治療効果をとらえる際、五つのカテゴリーをあげ、そのうちの1つとして、「自我の強さ」をとりあげている。
　そこで筆者は、自我の強さの概念を自我心理学派のいう定義（本書第Ⅰ部の表Ⅰ-4-7を参照）でとらえ、また、今日の青年の不適応状態の特徴をふまえて新しい自我強度尺度を作成することにした。

目　的
　新しい自我強度尺度を作成し、この尺度を用いて自我の強さの学年差や性差を明らかにする。

方　法
(1)「心理臨床学研究」vol.18からvol.21までに掲載されている青年期54ケースの内容をもとに、自我心理学派のいう自我強度の定義を基準に中学生用自我強度尺度30項目、高校・大学生用自我強度尺度32項目を選出した。
(2)「はい」を3点、「いいえ」を1点、「わからない」を2点とし、得点が高いほど自我が強いととらえるようにして、健常中学・高校・大学生に尺度を実施した。
(3) 尺度の信頼性を検討するために、Cronbachのα係数を算出し、1ヶ月後に再検査を実施して、1回目と2回目の得点の相関係数を算出した。
(4) 尺度の妥当性を検討するために中学生に対してはバウムテストを実施し、樹冠に対する幹の高さの比率を算出し、その比率と自我強度尺度得点との相関

係数を算出した。また、高校・大学生用の場合、大学生のみにファンクら（Funk, S.C. et al 1987）によるhardness scale（たくましさ尺度）を実施し、その得点と自我強度尺度得点との相関係数を算出した。

調査対象と調査時期

　健常中学生男子46名、女子48名、健常高校生男子69名、女子68名、健常大学生男子109名、女子66名を調査対象とし、2004年5月と6月に自我強度尺度を実施した。

結果と考察
(1) 因子分析の結果
　　　中学生用の自我強度尺度は「欲求不満耐久度」「観察自我の芽ばえ」「現実感の芽ばえ」「柔軟な自己」の4因子で26項目、高校・大学生用の自我強度尺度は「欲求不満耐久度」「自我同一性の確立」「適応的自己」「現実的自己」の4因子で24項目が抽出された。
(2) 尺度の信頼性について
　　　中学生用のα係数は、.38〜.69、高校・大学生用のα係数は、.57〜.77と比較的低い係数が算出されたが、各項目ごとの項目分析では、r =.65〜r =.82と高く、各尺度の内的整合性はおおむねあるととらえられた。また、再検査法による1回目と2回目の相関係数は、中学生用がr =.72（p＜.01）、高校・大学生用がr =.81（p＜.01）と高い値が示された。
(3) 尺度の妥当性について
　　　中学生用については、自我強度尺度の平均値をもとにそれより高い群と低い群との2群間に分けてバウムテストの樹冠に対する幹の高さの比率の平均値の差をみたところ、有意な差が示された（t (93)=2.13, p＜.05）。また、高校・大学生用については自我強度尺度得点とたくましさ尺度得点との相関係数を算出したところ、r =.32（p＜.01）の有意な相関係数が示された。
(4) 自我強度の学年差と性差について
　　　本研究での自我強度尺度の学年別、性別の平均値は表のとおりであった　▶
　表Ⅲ-2-1 。
　　　中学生の場合、学年と性差との交互作用、学年差の主効果、性差の主効果が認められ、中学2年生と1年生との間（中学2年生＞中学1年生）、中学3年生と中学1年生との間（中学3年生＞中学1年生）に学年差が示され、男子のほうが

	中学生						高校生						大学生	
	1年生		2年生		3年生		1年生		2年生		3年生			
	男子	女子	男子	女子	男子	女子	男子	女子	男子	女子	男子	女子	男子	女子
	53.21 (6.01)	51.11 (7.55)	55.38 (5.12)	54.22 (3.65)	55.40 (5.11)	54.25 (6.13)	51.50 (5.89)	50.25 (5.29)	52.10 (4.21)	52.20 (5.21)	51.45 (6.51)	50.21 (6.11)	52.41 (8.06)	51.22 (7.22)

【注】（ ）内は標準偏差値を示す

表 Ⅲ-2-1　青年期の自我強度尺度の平均値

中年期		老年期	
男性	女性	男性	女性
61.85	57.17	57.08	59.46
(5.02)	(7.09)	(7.30)	(5.99)

【注】（ ）内は標準偏差値を示す

表 Ⅲ-2-2　中年期と老年期の自我強度尺度の平均値

女子よりも自我が強いことが示された。また、高校生の場合、学年差も性差も認められなかった。

　高校・大学生用の自我強度尺度を中年期（平均年齢48.98歳）の男性20名、女性23名と老年期（平均年齢69.53歳）の男性25名、女性24名に2008年5月に実施した。その平均値は表のとおりであった　▶表Ⅲ-2-2 。

　二つの表の比較から、「自我の強さ」は青年期が最も弱く、中年期が最も強くなり、再び老年期に入ると自我は弱くなることがとらえられた。

今後の課題

(1) 健常群を対象に自我強度尺度を実施したが、今後は不適応群を対象に実施してそれを比較していく必要がある。
(2) 治療効果の測定に用いるためにふさわしい尺度なのかを実際の臨床現場で活用して明らかにすること。

> **コラム2　アンナ・Oのケース**
>
> 　フロイトの「ヒステリー研究」に掲載されているケースである。治療者は、ブロイアー（Breuer, J.）であり、ケースのアンナ・O（当時21歳）は、父親への介護に疲れて激しい神経性の咳など多彩な症状に悩む女性であった。ブロイアーによる催眠浄化法（hypno-catharsis）によって、多彩な症状は次第に消失していった。コップの水が飲めないという行為を催眠によって嫌っていた使用人が犬に直接コップから水を飲ませたことを思い浮かばせてアンナは水が飲めるようになった。彼女は、晩年、社会福祉事業に貢献している。
> 　他にもフロイトの発表したケースとして、「狼男のケース」「シュレーバーのケース」「エリザベート・フォン・R嬢のケース」「少年ハンスのケース」「ドラのケース」「ねずみ男のケース」「ルーシー・R嬢のケース」などがある。

テーマ3
フロイトの幼児期決定論は正しいのか

　フロイトは、幼児期における固着と退行を定義し、「自我によるエスへの抑圧と妥協形成が、神経症のそれぞれの病型と対応関係をもつ」という独自な神経症論を唱えた。
　つまり、神経症のクライエントに対して精神分析療法をおこなう際、その症状発症の原因は、クライエントの幼児期の親子関係のありかたの問題に起因しているととらえ、クライエントの症状発症と幼児期の親子関係のありかたとの関連をクライエントに洞察させることを、治療の主眼においている。

また、フロイト以後の精神分析の各学派は、幼児期の親子関係よりも乳児期の親子関係のありかたが、その後の心の発達や病理に大きく影響を及ぼしていることを強調している。発達心理学の領域でもサイモンズ（Symons, P.M. 1938）などの研究から、幼児期の親の養育態度 child rearing attitude が子どものパーソナリティ形成に影響を及ぼすことが実証されている。
　そこで、既述した「青年期の自我発達上の危機状態」と「幼児期の親子関係のありかた」とは強い関連があるのかどうか、を明らかにしてみることにした。

目　的

　幼児期の親子関係のありかたは、青年期の自我発達上の危機状態と関連しているのかどうか、を回顧方によって明らかにする。

方　法

　ACSと幼稚園の時を回顧させた宮下（1991）による親の養育態度尺度を実施した▶表Ⅲ-2-3。この親イメージ尺度は、父親と母親別に親の「情緒的支持」「情緒的不安」「支配・介入」の3つの下位項目で構成されており、各下位項目ごと3つ

	母親に対して				父親に対して		
M1	1 公平な	⟷	不公平な	F1	1 やさしい	⟷	冷たい
M2	② でしゃばりな	⟷	謙虚な	F2	② 理性的な	⟷	感情的な
M3	③ 解放的な	⟷	拘束的な	F1	3 あなたを重視した	⟷	あなたを無視した
M1	4 あなたを重視した	⟷	あなたを無視した	F3	4 あなたをコントロールした	⟷	とくにコントロールしない
M2	⑤ 理性的な	⟷	感情的な	F1	⑤ 無気力な	⟷	意欲的な
M3	6 あなたをコントロールした	⟷	とくにコントロールしない	F2	⑥ 一貫した	⟷	バラバラな
M1	7 やさしい	⟷	冷たい	F3	7 拘束的な	⟷	解放的な
M2	⑧ もの静かな	⟷	口うるさい	F2	⑧ 落ち着いた	⟷	イライラした
M3	⑨ 自律性を尊重した	⟷	自律性を尊重しない	F3	⑨ 自由な	⟷	保護的な

【注】〇印の項目は逆転項目を示す。
M1とF1は「情緒的支持」、M2とF2は「情緒的不安定」、M3とF3は「支配・介入」を示す

表Ⅲ-2-3　親イメージ尺度（宮下，1991を参考）

の形容詞対を提示させて、あてはまるイメージを回顧させるものである。その評定は、−2点から＋2点までの5件法で得点化した。

調査対象と調査時期

健常中学生男子40名、女子35名、健常高校生男子50名、女子30名を調査対象とし、1996年10月に実施した。

結果と考察

ACS得点と幼児期の父親イメージ尺度得点との相関係数と　▶表Ⅲ-2-4、ACS得点と幼児期の母親イメージ尺度得点との相関係数を示す　▶表Ⅲ-2-5。

とくに高校生の場合、幼児期の父親イメージが、「情緒的不安定」なイメージを抱いているほど青年期の不適応状態は強いこと　▶表Ⅲ-2-4、中学生・高校生で幼児期の母親イメージが、「情緒的支持」が乏しかったというイメージを抱いているほど、青年期の親子関係上の葛藤や自我同一性の確立の葛藤が強いこと　▶表Ⅲ-2-5がわ

危機状態尺度＼親イメージ尺度	全体			中学生			高校生		
	A水準	B水準	総得点	A水準	B水準	総得点	A水準	B水準	総得点
情緒的支持	-.13*	-.12*	-.14**	-.12	-.12	-.14	-.14*	-.12	-.15*
情緒的不安定	.15**	.15**	.17**	.07	.14	.11	.19**	.16*	.20**
支配と介入	-.01	.16**	.07	-.02	.15	.05	.01	.16*	.07

【注】A水準は発達的葛藤, B水準は不適応の水準を示す。*……P＜.05　**……P＜.01

表Ⅲ-2-4　幼児期の父親イメージ尺度得点と青年期の自我発達上の危機状態尺度得点との相関係数

危機状態尺度＼親イメージ尺度	全体			中学生			高校生		
	A水準	B水準	総得点	A水準	B水準	総得点	A水準	B水準	総得点
情緒的支持	-.27**	-.24**	-.30**	-.34**	-.19*	-.32**	-.23**	-.27**	-.28**
情緒的不安定	.13*	.12*	.14*	.12	-.03	.07	.14*	.20**	.19**
支配と介入	.15**	.18**	.19**	.22**	.24**	.27**	.11	.16*	.15*

*……P＜.05　**……P＜.01

表Ⅲ-2-5　幼児期の母親イメージ尺度得点と青年期の自我発達上の危機状態尺度得点との相関係数

かる。

　フロイトのいうように幼児期の親子関係のありかたは、その後、とくに青年期の心の発達と関連していることが示唆された。この結果の信頼性を確かめるために、1998年10月に専門学校の学生（男子28名／女子15名、平均年齢18.7歳）と女子大学1年生61名に同様な調査を実施した。

　その結果、幼児期の父親イメージが、「情緒不安定」なイメージ、あるいは「情緒的支持」が乏しかったイメージであるほど、青年期の親子関係上の葛藤や自我同一性の確立の葛藤が強いことがわかる　▶表Ⅲ-2-6。幼児期の母親イメージが、男子の場合には「情緒的不安定」なイメージを抱いているほど青年期の発達上の葛藤や不適応状態が強いこと、また、女子の場合には「支配と介入」のイメージを抱いているほど青年期の不適応状態が強いことがわかる　▶表Ⅲ-2-7。

　以上の結果から、中学生と高校生、男子と女子との差によって幼児期の親イメージと青年期の自我発達上の危機状態との関連に違いはあるものの、フロイトのいう幼児期の親子関係のあり方は、以後の自我発達に影響を及ぼしていることが示唆された。

親イメージ尺度 ＼ 危機状態尺度	男子			女子		
	A水準	B水準	総得点	A水準	B水準	総得点
情緒的支持	-.56 **	-.50 **	-.59 **	-.27 *	-.21	-.28 *
情緒的不安定	.54 **	.04	.39 *	.23 *	.05	.18
支配と介入	-.03	-.16	-.09	.02	.21	.10

*……P＜.05　**……P＜.01

表 Ⅲ-2-6　幼児期の父親イメージ尺度得点と青年期の自我発達上の危機状態尺度得点との相関係数

親イメージ尺度 ＼ 危機状態尺度	男子			女子		
	A水準	B水準	総得点	A水準	B水準	総得点
情緒的支持	-.26	-.31	-.30	.02	-.17	-.05
情緒的不安定	.41 *	.39 *	.45 *	-.05	.03	-.02
支配と介入	-.24	-.08	-.20	.22	.31 **	.28 *

*……P＜.05　**……P＜.01

表 Ⅲ-2-7　幼児期の母親イメージ尺度得点と青年期の自我発達上の危機状態尺度得点との相関係数

このような回顧的研究は、どのような意義があるのであろうか。筆者は、精神分析療法において「心的現実」、つまり実際は幼児期において母親は子どもを「情緒的支持」していたにもかかわらず、青年期になった子どもは幼児期をふり返り、母親に対して「情緒的不安定」なイメージを抱いていることのほうが治療上で重視されることから、このような回顧的研究は、臨床的に意義のある研究であるととらえている。

しかし、ルッター（Rutter, M. 1981）やワインフィールドら（Weinfield, N.S. et al. 1997）は、人生初期の親子関係のあり方が発達を大きく規程しているという見解に反論を唱え、発達は流動的であって乳幼児期以後に出会う対人的経験や情緒的経験、あるいは環境変化が個人の発達に影響を与えることを強調している。このようなことから、フロイトの幼児期決定論については、実際の心の発達について論じることよりも、あくまでも心の治療において活用すべきものであるととらえられる。

コラム 3　古澤平作

1897年に神奈川県に生まれる。東北大学医学部を卒業し、同大学助教授を勤める。ウィーンへ留学し、フェダーン（Federn, P.）からスーパービジョンを受けた後、「阿闍世コンプレックス」をフロイトへ提案する。その後、丸井教授との見解の相違が生じて東京で開業をする。1955年に日本精神分析学会を創設し、わが国の精神分析の開拓者として知られる。土居健郎、西園昌久、前田重治、小此木啓吾、池見酉次郎らは古澤平作から指導を受けた。

テーマ 4
ピア・カウンセリングで転移／逆転移は生じるか

　精神分析療法では転移と逆転移が治療上で重要な視点となる。この転移や逆転移が面接において「実際に生じているのか」についてを実証していくことは容易ではない。

　ゲルソとヘイズ（Gelso, C.J. & Hayes, J.A. 1008）やライアンとジィズンスキー（Ryan, V.L. & Gizynski, M.N. 1971）などは、精神分析療法以外の心理療法においても治療関係の展開をとらえる意味から転移、逆転移が生じているかをみていくべきであると唱えている。ロジャース（1951）は、来談者中心療法において転移は生じにくいと述べており、転移が生じるとすれば上下関係の治療関係であるという。

　転移についての実証的研究では、ルボルスキーのCCRTを用いた研究　▶表Ⅲ-1-2 が多い。なかでもベレッタら（Beretta, V. et al. 2007）のCCRTを用いた研究では、治療関係上の会話において治療者とクライエントにとっての重要な他者との会話内容パターンが類似していることを転移の指標としている。また、ハァーリエラとローゼン（Farriera, A.E. & Rosen, M. 1983）は、転移や逆転移の対象は、現実の治療者やクライエントという人物ではなく、その人物から生じるイメージであると述べている。

　そこで、学生どうしに来談者中心療法を短期間実施させて、実際に転移や逆転移が生じるのかどうかを明らかにしてみることにした。

　転移、逆転移を確かめる方法として、既述したハァーリエラとローゼンの見解にもとづきカウンセラー役とクライエント役のそれぞれのイメージとカウンセラー役とクライエント役の幼児期における父親、母親イメージとの類似性があるかどうかを転移と逆転移の指標とした。

　仲間どうしのカウンセリングのことをピア・カウンセリング peer counseling というが、これは、とくにイギリスにおいては、いじめ防止などをねらっておこなわれている。本研究では、同性どうしのピア・カウンセリングをおこなってみることにした。またピア・カウンセリングの方法として来談者中心療法を選んだのは、特別な専門的技法を長期にわたって習得する必要もなく、自分自身の直接経験を最も重要視する心理療法であるからである。また、コノリィら（Connolly, M.B. et al, 1996）やゲルソら（1997）の研究から、転移は治療の初期から生じることが明らかにされているこ

とから、ピア・カウンセリングを10回行ってみることにした。

目　的
　同性どうしのピア・カウンセリングを10回実施して転移や逆転移が生じるかどうかを明らかにする。

方　法
(1) 1回90分間合計15回の授業において筆者が学生へ来談者中心療法の講義やロールプレイを実施して、その方法を習得させた。
(2) 筆者の作成した自我強度尺度を(1)の学生へ実施し、その平均値より高い者をカウンセラー役、低い者をクライエント役として同性のペアを組ませた。
(3) ピア・カウンセリングをおこなう前に、カウンセリング実施の学生への同意、実施中にトラブルが生じた場合には筆者へ相談すること、守秘義務を守ること、途中、中断したくなればそれも可能なことを確認した。
(4) 週1回1時間、場所は校内の個室を使用し、延べ10回おこなうことにした。テーマは、「今の自分について」とした。
(5) ピア・カウンセリングをおこなう前に、テーマ③の幼児期における父親・母親イメージ尺度　▶表Ⅲ-2-3 を実施した。
(6) ピア・カウンセリング過程で3回（5月の2回目の、6月の4回目の、7月の8回目のそれぞれのカウンセリング時）、▶表Ⅲ-2-3 における父親・母親イメージをカウンセラー役とクライエント役のイメージに変換した尺度を実施した。

調査対象と調査時期
　調査対象は、専門学校2年生男子86名（43組、平均年齢20.56歳）と女子大学2年生30名（15組、平均年齢20.11歳）をピア・カウンセリング調査対象とし、2007年5月から7月までピア・カウンセリングを実施した。

結果と考察
　転移と逆転移をとらえるために幼児期の親イメージ得点とピア・イメージ得点との相関係数をまとめたものを示す　▶表Ⅲ-2-8。男子の場合、調査2回目と調査3回目においてカウンセラー役になった者は、クライエント役のイメージとカウンセラー役の幼児期における父親イメージとの相関が強いことがわかる。このことから、ピア・カウンセリング後半において逆転移が生じていることが示唆された。また、

親イメージ 測定時	父親イメージ との相関 (全体)	母親イメージ との相関 (全体)	男子		女子	
			父親イメージ との相関	母親イメージ との相関	父親イメージ との相関	母親イメージ との相関
1回目	.18 .11	.06 .17	.15 .14	.01 .05	.20 .10	.12 .24
2回目	.01 .17	.14 .07	.01 .45**	.05 .09	.01 -.06	.27 .05
3回目	.01 .25	.05 -.02	-.10 .74**	.18 -.05	.08 -.03	-.04 .01

【注】上欄は、親イメージ得点とカウンセラー役イメージ得点との相関係数、下欄は、親イメージ得点とクライエント役イメージ得点との相関係数を示す。** P＜.01

表 Ⅲ-2-8　幼児期の親イメージ得点とピアイメージ得点との相関係数

クライエント役イメージ	父親イメージ		
	情緒的支持	情緒的不安定	支配・介入
情緒的支持	.56**	.32*	.32*
情緒的不安定	.76**	.49**	-.04
支配・介入	.03	.18	-.11

*……P＜.05　**……P＜.01

表 Ⅲ-2-9　幼児期の父親イメージ得点とクライエント役イメージ得点の下位尺度ごとの相関係数（測定3回目）

女子の場合には有意な相関がないことから転移や逆転移はピア・カウンセリングにおいて生じていないことが示唆された。

　男子におけるピア・カウンセリングで逆転移が生じるとすればどのようなイメージ内容なのかを明らかにするために、調査3回目におけるカウンセラー役が答えたクライエント役の各イメージ内容とカウンセラー役の幼児期における父親の各イメージ内容との相関係数を示す　▶表Ⅲ-2-9。幼児期において父親に対して「情緒的支持」イメージを、あるいは「情緒的不安定」なイメージを抱いているカウンセラー役の男子学生は、クライエント役に対して逆転移が生じやすいことが示唆された。

　男子の場合に逆転移が生じ、女子の場合に転移も逆転移も生じなかった点について、男子の場合、ピア・カウンセリング中に上下の関係が展開し、女子の場合、対等な関係が維持されたからではないかと思われる。

今後の課題
(1) 本研究では、幼児期における親イメージとカウンセラー役、クライエント役イメージとの類似性を転移／逆転移の指標としたが、この方法の妥当性の問題が残される。
(2) 同性どうしのピア・カウンセリングをおこなったが、異性どうしや年齢が異なる組み合わせでは転移や逆転移が生じるのかどうか。
(3) ピア・カウンセリングの方法として来談者中心療法を適用したが、他の流派の方法では転移や逆転移が生じるのかどうか。
(4) 10回という面接回数が転移や逆転移をとらえていくためにふさわしい回数であったかどうか。

コラム4　フロイトとユングとの違い

　フロイトとユングは、19歳の年齢の差があり、フロイトはユダヤ人であり、ユングはプロテスタント教会の牧師の子ども、また、フロイトは母親から可愛がられ、ユングの母親は冷淡な人であったという違いがある。1907年、フロイトとユングは運命的な出会いをし、その日、ふたりは15時間にも及ぶ会話をしたという。ユングは、「私の出会ったなかで現実的に意味をもつ最初の男」とフロイトのことをいっている。その後、ふたりは7年間師弟関係を続けたが、無意識世界についての見解の相違が生じて決別している。治療観の違いについては以下の表に示す点があげられる

項目	フロイト	ユング
治療過程	転移と逆転移神経症の解消	自然なプロセス＝時熟
治療態度	解釈する　中立的	象徴を受け取る　受容的
治療目的	洞察、あるいは病的なパターンの解消	個性化
技　法	無意識の理解と関係性の解釈	象徴的な解釈
発　想	みなそれぞれに個人である＝個人主義的	みな同じ世界に生きている＝普遍的

テーマ 5
前思春期のChumの有無は青年期を決定づけるのか

　発達心理学では、小学4年生時より小学6年生時までを「児童期後期」と呼び、臨床領域では「前思春期 preadolescence」ということが多い。

　この前思春期の同性の親密な友人のことをチャム Chum といい、サリバンは、前思春期のChumとの関係のありかたを「協同 collaboration」と呼び、この「協同」のよってそれ以前の自我発達上の障害が修復できると述べている。

　逆に、前思春期において孤独体験を重ねることは、以後の人生において自我発達上の障害をまねきやすいとも述べている。サリバンによるこの提唱は、みずからの体験にもとづくものであり、また男子のみにかぎられたものであった。

　ジューデとブロック（Gjerde, P.F. & Block, J. 1991）は、11歳時の遊戯内容から、男子の場合、衝動統制力のない遊びを、女子の場合、道徳的テーマを含む遊びや喪失することをテーマとする遊びをする子どもは、18歳時において抑うつ感が強いことが報告されている。

　また、ボログニィニら（Bolognini, M. et al. 1989）は、女子のほうが男子よりも精神的健康度が20歳時まで続きやすいことが報告されている。臨床家ドイチェ（Deutsch, H. 1944）は、依存することなく自律した前思春期を過ごした女子は、青年期以後も退行することもなく自律した人生を過ごしやすいという知見をあげている。

　そこで、サリバンのいうように前思春期のChumの有無は、青年期のありかたを決定づけるのかどうかを、健常児童や青年を対象にして明らかにすることにした。

目　的
　前思春期のChumの有無が、青年期の自我発達上の危機状態に影響を及ぼしているのかどうかを明らかにする。

方　法
(1) 小学6年生を対象にChumの有無を明らかにするためにマンナリノ（Mannarino, A.P. 1976）のChum checklistと、ACSのA水準とB水準の28個の質問項目を選び、「あなたの高校時代はどのような状態でしょうか。どんな高校生になっているか次の質問項目を読んで選んでください」と教示した青年期の自我発達上の

性	男子	女子
A水準得点	-.19	-.15
B水準得点	-.23 **	-.26 **
総得点	-.24 **	-.25 **

**……P＜.01

表 Ⅲ-2-10　高校生時を展望した危機状態得点と chum 得点との相関係数（小学生）

危機状態を展望した尺度の2つを実施した。
(2) 中学生と高校生を対象にACSと前思春期を回顧させた上記のChum checklistの2つを実施した。

調査対象と調査時期

健常小学6年生（男子84名／女子85名）を対象に1993年5月に実施し、健常中学生（男子40名／女子35名）を対象に1996年10月に実施し、健常高校生（男子50名／女子30名）を対象に1996年10月に実施した。

結果と考察

(1) 小学6年生による高校生時を展望した結果

　小学6年生を対象としたChum checklistの得点とACSにもとづいた高校生時を展望した青年期の自我発達上の危機状態得点との相関係数をまとめた　▶表Ⅲ-2-10。男女ともChum得点と高校生時を展望した危機状態B水準得点とに負の相関があることから、小学6年生にとって現在、Chumがいない生徒ほど高校生時を展望して不適応状態に陥るのではないかという不安が強いことがわかった。

(2) 中学生・高校生による前思春期を回顧した結果

　中学生を対象としたACS得点と小学6年生時を回顧させたChum checklistの得点との相関係数をまとめたもの　▶表Ⅲ-2-11、同様に高校生を対象とした相関係数をまとめたもの　▶表Ⅲ-2-12 を示した。有意な相関がないことから、前思春期のChumの有無は、青年期の自我発達上の危機状態に強い影響を及ぼしていないことが示唆された。

　これらの結果から、前思春期において、現在、Chumがいるかどうかは今後、安定した青年期を迎えるかどうかという不安を生じさせるものの、実際に青年期を迎えると前思春期においてChumがいたかどうかということは、青年期の発達的な危機や適応状態には大きな影響を及ぼしていないのではないかということがとらえられた。

性	男子	女子
A水準得点	-.16	-.11
B水準得点	-.14	-.15
総得点	-.17	-.15

表 Ⅲ-2-11　青年期の自我発達上の危機状態得点と前思春期を回顧した Chum 得点との相関係数（中学生）

性	男子	女子
A水準得点	-.05	.05
B水準得点	-.07	-.11
総得点	-.07	-.02

表 Ⅲ-2-12　青年期の自我発達上の危機状態得点と前思春期を回顧した Chum 得点との相関係数（高校生）

今後の課題

(1) 本研究では「前思春期」を小学6年生と定めたが、小学4年・5年の場合ではどうかを明らかにすること。
(2) 本研究では、Chum の有無を Chum checklist による1点から3点までの得点化によって評定したが、Chum がいるかいないかという2分した評定のほうがサリバンによる提唱に即していると思われるので、今後はその評定を用いておこなってみること。
(3) 調査対象数が少ないため対象数を多くした場合どのような結果なのかを確かめること。

コラム 5　小此木啓吾

東京の開業医の長男として生まれ、慶応義塾大学医学部を中心にわが国に精神分析を広めたパイオニアとして著名である。自我心理学を中心にフロイトの精神分析を理論的に体系づけている。「治療構造」を重視し、精神分析療法の基礎を説き、また、一般市民向けの精神分析の啓蒙書を多く執筆した。2003年に亡くなった。

テーマ 6
エディプス／エレクトラコンプレックスは潜在しているか

　フロイトは、男子の「青年期」を、児童期まで無意識世界に抑圧されていた「エディプスコンプレックス」が顕在化され、心的動揺が高まる時期ととらえている。
　「エディプスコンプレックス」とは、第Ⅰ部の図で示したように［図Ⅰ-3-F］、馬場 (1975) によれば、男児が4歳から6歳になると、母親への愛着と同時に父親をその競争相手として敵視するような無意識世界にある感情のことをいう。フロイトは、「少年の父親に対する関係は、われわれの用語でいえば、アンビヴァレント（両価的）なものである。競争者としての父親を亡きものにしたいという憎悪感のほかに、父親に対する一定度の愛情が存する。これは、正常な過程であり、これをエディプスコンプレックスという」と定義している。またユングは、4歳から6歳までの女児の発達過程に見られる、女児が抱く父親への愛着と母親への敵意、恨みをふくむ無意識世界にある観念複合体を「エレクトラコンプレックス electra complex」と名づけた。ユングによれば「エレクトラコンプレックス」とは、「男根期以前の女児は、母親との情緒的結合が緊密であったが、自分にはペニスがないことに気づくと同時に、自分の信頼する母親にもペニスがないことを知り、大きな失望や憤りを抱く。このように女児の場合には、依存対象であった母親から父親へと愛情が移り、母親が逆に敵意の対象となりやすい。このような男児のもつエディプスコンプレックスに相当する無意識のコンプレックスをエレクトラコンプレックスという」と定義されている。また、宮城 (1956) によるエディプスとエレクトラのコンプレックスの定義によれば、両コンプレックスは、父親に対するか母親に対するかの対象の違いだけでその機能やメカニズムに大きな差はないことが説かれている。
　精神分析の動向は、フロイトのいう「エディプスコンプレックス」、つまり父親−母親−子どもという"三者"の関係を基本とした治療よりも母親（他者）と子どもの"二者"の関係を中心としたものへと変化しいている。現代の青年の心にフロイトのいう「エディプスコンプレックス」、あるいはユングのいう「エレクトラコンプレックス」は潜在しているのであろうか。
　このエディプスコンプレックスを測定する方法として、ロールシャッハテストやソンディテストによる方法が一般的である。しかし、この方法では多くの被験者を

❖ 図 Ⅲ-2-B　物語記述テストに用いた絵（フリードマン，1952）

対象として研究することは困難である。そこで、上記のテーマに対してTATに類するフリードマン（Friedman, S.M. 1952）の物語記述テストを用いて、多くの健常青年を対象に明らかにしてみることにした。

目　的

健常中学・高校生を対象に物語記述テストを用いて「エディプスコンプレックス」あるいは「エレクトラコンプレックス」が心に潜在している青年の割合を明らかにする。

方　法

フリードマンが作成したエディプスコンプレックスを測定するための刺激絵画を見せて　▶❖図Ⅲ-2-B、自由に物語を連想して書いてもらった。女子の場合は、男児を女児に変えて提示した。その評定は、書かれた物語内容を大学生2名が評定しその平均値を評定値とした。その評定方法は、明らかに親子関係上の葛藤が書かれている場合を3点、男児（女児）のイメージが否定的に書かれている場合を2点、親子関係上の葛藤がなく、男児（女児）のイメージが否定的ではない場合を1点として得点化した。

調査対象と調査時期

健常中学生（男子45名／女子49名）と健常高校生（男子52名／女子53名）を対象とし、1996年6月に実施した。

結果と考察

学年別と性別に評定値が3点であった青年の回答率をまとめた　▶❖図Ⅲ-2-C。「エディプスコンプレックス」は、中学2年生男子に潜在しており、その割合は10名

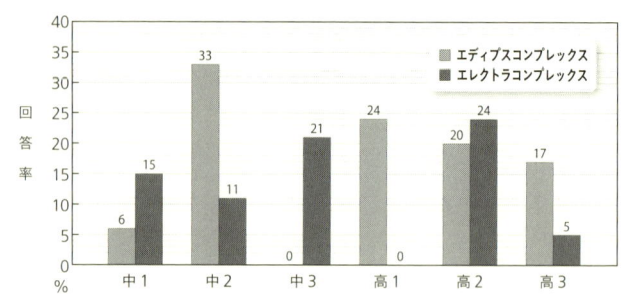

```
40
35          33
30
回  25                    24        24
答  20                21      20
率  15    15                          17
10  6      11
 5                                      5
 0    0         0
%    中1   中2   中3   高1   高2   高3
```
エディプスコンプレックス（薄色）／エレクトラコンプレックス（濃色）

✤ 図 Ⅲ-2-C　学年別・性別にみたエディプス／エレクトラコンプレックスの潜在率

中3名程度であり、高校生男子の場合、学年間に差はなく10名中2名程度の割合で潜在していることがわかった。

　一方「エレクトラコンプレックス」は、中学3年生女子と高校2年生女子に潜在しており、その割合は10名中2名程度の低いものであることがわかった。

　男子の「エディプスコンプレックス」が中学2年生時に潜在していることは、発達心理学でいう「第二次反抗期」と重なっており、この時期、父親や父親的な男性に強い反抗や敵対心を意識的に示すことから、潜在しているというよりも顕在化しやすい時期であるととらえられる。また、女子の「エレクトラコンプレックス」が中学3年生と高校2年生に潜在していることは、女性としての性同一化 gender identity の葛藤が生じやすく、この時期は、母親との同一化やその葛藤が高まる時期であるからととらえられる。

　本研究から、「エディプスコンプレックス」も「エレクトラコンプレックス」もフロイトの時代とは異なり、現代の青年の場合、それを心に潜めた割合は低いことが明らかにされた。

今後の課題
(1) フリードマンの測定法についての信頼性や妥当性を明らかにすること。
(2) 面接法、ロールシャッハテストやソンディテストを用いて現代青年のエディプスコンプレックス、エレクトラコンプレックスの有無を明らかにすること。
(3) 大学生の場合のコンプレックスの有無はどうかをみていくこと。

テーマ 7
ロールシャッハカードからみた父親イメージと母親イメージ

　ロールシャッハテストにおける「父親カード」、「母親カード」の仮説について最初に提示したのはボックナーとハルペルン（Bochner, R. & Halpern, F. 1945）である。彼らは、父親カードをⅣカード、母親カードをⅦカードとして提案した。わが国では、ロールシャッハテストのカードを用いた父親イメージ、母親イメージに関した研究は、村上（1957）や田中（1960, 1966）らのものが代表される。村上（1957）と田中（1960）による当時の健常青年を対象とした研究では、父親イメージがⅣカード、母親イメージがⅦカードという仮説は支持されている。その後、約半世紀が過ぎた今日の青年はどのような父親イメージ、母親イメージを抱いているのであろうか。研究の方法としては、従来からロールシャッハテストカードから父親イメージ、母親イメージを抱くカードを選ばせる方法とSD法を用いて各ロールシャッハテストカードのイメージを測定する方法とがあるが、本研究では前者の方法をおこなってみた。

目　的
　ロールシャッハテストカードの中から父親イメージ、母親イメージを抱くカードを1つ選ばせて現代の青年の父親イメージ、母親イメージを明らかにする。

方　法
　ボックナーとハルペルン、村上、田中の研究を参考にして4枚のロールシャッハカード　▶❖図Ⅲ-2-D をカラーコピーして「このカードのうちで父親イメージ、母親イメージを抱くカードを1つだけ選んでください」と教示して選択させた。

調査対象と調査時期
　健常女子大学生50名と保育園に子どもを通園させている20歳代の女性（平均年齢26.12歳）50名に対し2006年9月に実施した。

結果と考察
　父親イメージ、母親イメージを抱くロールシャッハテストカードの選択率を示し

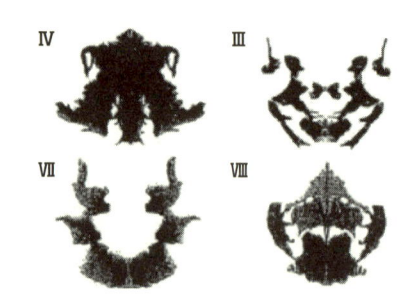

✤ 図 Ⅲ-2-D　父親イメージ，母親イメージをみるためのロールシャッハテストカード

た　▶表Ⅲ-2-13。調査対象となった女子大学生と20歳代の成人女性との間に結果の大きな違いがないことがわかった。父親イメージについては、約半世紀前の青年と同様にⅣカードが約半数近く選択された。しかし、第2位の選択率は、Ⅶカードであり、これはボックナーとハルペリンによれば母親イメージのカードであり、女性的イメージが強いカードである。現代の青年にとっての父親イメージは、従来通りの男性的な父親イメージと逆に女性的な父親イメージとに分けられるのであろうか。

また、母親イメージについては、Ⅶカードを選択したものは少なく、Ⅷカードが多いことがわかる。第2位の選択率はⅢカードである。このことから、母親イメージは約半世紀前の青年が抱くイメージとは大きく変化していることがわかる。その内容としては、女性的というよりも派手で活動性の高いイメージが強い。このことは、働いている母親が増えたことによることが考えられる。

筆者による本研究以後、福井ら（2008）によって、ロールシャッハテストカードを用いた父親イメージ、母親イメージについての大がかりな研究がおこなわれている。その結果では、Ⅳカードは、父親イメージカードとしての妥当性はあるものの、

	イメージ	父親イメージ				母親イメージ			
	カードナンバー	Ⅳ	Ⅲ	Ⅶ	Ⅷ	Ⅳ	Ⅲ	Ⅶ	Ⅷ
選択率 %	女子大学生	48	20	28	5	0	20	5	75
	20歳代女性	52	18	22	8	0	20	4	76

表 Ⅲ-2-13　ロールシャッハカードによる父親イメージと母親イメージ

母親イメージに関するカードについてはバラエティに富み、ボックナーとハルペリンのいうⅦカードであるという妥当性がないことが明らかにされている。

この結果と筆者による結果から、父親イメージについては従来からある男性的な父親イメージを抱く青年は多いものの、女性的な父親イメージを抱く青年もいること、また、母親イメージについては、現代青年にとって固定したものはなく、さまざまなイメージを抱いていることがわかった。

今後の課題
(1) 調査対象を男子の場合や中学・高校生の場合でとらえてみること。
(2) 調査対象数をさらに増やしてみること。
(3) 実際の父親、母親へのイメージとロールシャッハテストカードからのイメージとの照合をしてみること。

コラム6　ジェンダー論の先駆者ホルネイ

ドイツの女性の精神分析医ホルネイ（Horney, K.）は、フロイトの精神分析理論での男性至上主義を批判した臨床家である。彼女は、とくにフロイトのいうペニス願望についてを批判し、男性のほうが母親と同一化したい願望、妻への罪悪感、母親から笑われる劣等感、厳しい母親からの逃避などのコンプレックスがあることを指摘した。40歳代でアメリカに渡り、精神分析療法をアメリカで広めた。彼女のフロイトへの批判は、その後のフェミニストたちに大きな影響を与えた。

テーマ 8
ヒステリー特性をもつ青年女子の夢内容

　ヒステリー hysteria という語は、本来、ギリシャ語で「子宮」を意味しており、ギリシャ、ローマ時代から女性に生じる疾病として用いられている。シュナイダーは、自己顕示欲が強い、わがまま、多弁、勝気、被暗示性が強い者をヒステリー性格 character としてとらえた。

　フロイトは、ヒステリー性格の者が生じる身体症状を心理的原因から生じているととらえ、これを転換ヒステリー conversion hysteria と名づけた。つまり、心的葛藤が、運動性あるいは感覚性の表現となって象徴的に症状に転換されているととらえたのである。このことは、フロイトのクライエントであるエミー・フォン・N夫人の症例報告で述べられている。同時期に関わったエリザベート・フォン・R嬢の症例では自由連想法によって身体的疼通が義兄に対する恋する葛藤から生じていることを明らかにしている。

　また、フロイトは、人がみる夢を重視し、夢は無意識の知見を得る王道としてとらえた。この夢は、幼児期の性的衝動欲求が原動力であり、夢内容は、検閲をうけて道徳的に許容される形に変装させられて意識に現れるととらえた。

　フロイトの時代、転換ヒステリーの女性の無意識世界には性欲や性的ファンタジーが抑圧され、それが夢内容にも生じていた。現代のヒステリー特性のある女子は、果たしてどのような欲求やファンタジーを無意識世界に抑圧しているのであろうか。

　そこで、ヒステリー特性のある健常青年女子を対象に夢内容を考察してみることにした。

目　的
　ヒステリー特性をもつ女子大学生の夢内容から、現代青年の無意識内容を明らかにする。

方　法
(1) MMPI（ミネソタ多面性パーソナリティ目録）のなかの3コード（ヒステリー特性）の質問項目を15個抽出し、その項目を健常大学生女子82名に実施した。

分類		数	例
異性の登場		30個	彼氏, 昔の友人, 先生, 父など
過去の夢		20個	小学, 中学, 高校時代が中心
おそいかかる, おそいかかられる		11個	骨折される, 襲われる, 喧嘩となる, 怪我をする, 連行される, 殺害する, 落とされるなど
危険な内容		8個	火事, 閉じ込められる, 沈められる, ピストルで撃たれる, 戦争に巻き込まれるなど
とがった象徴		3個	竹刀, 剣, キュウリ
聖なる者		3個	ハローウィン, 童話, 住職登場
侵入される, 侵入する		2個	穴にもぐる, トンネルに入る
探す, 探される		2個	鍵を探す, ボトルを探す
将来の夢		2個	外国へ行く, 結婚する
自分の死		2個	殺される
行動	遊び場面	16個	デート, ゲーム, 旅行など
	仕事・アルバイト	7個	就職, アルバイトなど
	食事場面	5個	レストラン, 食堂, 家庭での食事など
	勉強場面	1個	宿題をする
	のぼる, 上がる	5個	エレベーター, ジェットコースター, 登山など
	別れる, 離れる	3個	転校, 歯が抜けるなど

表 Ⅲ-2-14　5名の夢内容の分類

(2) ヒステリー特性得点の平均値よりも高い女子大学生5名を対象に2週間、毎日、起床時、昨夜みた夢内容をノートに書いてもらった。
(3) 女子大学生5名のノートをもとに筆者が夢内容をまとめた。

調査時期

2006年5月に実施した。

結果と考察

女子大学生5名の夢内容を、本書第にⅡ部【Q&Aで考える実践】の図Ⅱ-Dを参考にしてまとめた▶表Ⅲ-2-14。また、夢内容の具体性を示すために代表的な場面を示した ▶表Ⅲ-2-15。

(1) フロイトは、ヒステリーのクライエントを「回想に病む人」といったが、本研究の結果でも、過去の夢が多いことが示された。

場面	夢内容	ケース
①	彼氏のひとり暮らしの家にいて，ふたりでテレビを見ている。	Dさん
②	アメリカで発生した大型の台風が日本に来る。アメリカは壊滅状態に，日本にいた自分と母が怪我をし，自分の方が入院する。入院先がアメリカにいた頃の町の病院にいる。	Dさん
③	ふたごの赤ちゃんをかかえどこかの町にいるが，ひとりが海に落ちて亡くなった。	Aさん
④	富士山みたいな山に登っていたが，祖父母の家の前にいた。中に入ると風呂場でなぜか根っこのついたコスモスを2～3本洗っていた。そのコスモスを花瓶に入れて飾った。	Eさん
⑤	関ヶ原のような戦場に朝1人でいる。歩いていると前から大軍がやってくる。「お前は剣も持っていないのか！！」と言われ剣を渡され，その場で戦いが始まってしまう。その場から逃げ，ふともらった剣を見る。	Eさん
⑥	見たことのない神社で20～30人で合宿をしている。友人と神社の周りを散歩して歩き回り，道を聞こうとすると住職が出てきた。貴重な巻物をもらい，友人と住職とが変な儀式を始めた。	Eさん
⑦	山の中で修行をしており，竹刀を持っている。しかし，竹刀で切りつけると血が出ていた。自分は修行をせず，花や草を見ていた。	Eさん
⑧	駅で電車を待っているが，どことなくジェットコースターの乗り場に似ていた。電車には，妹が乗っていてトンネルを出ると家の近くの駅に出た。	Eさん
⑨	広い蔵に友人と行くが，出口がないようで，外に出ようと扉を開けると，死んだはずの祖母が呼んでいた。違う扉を開けても死んだはずの祖父が呼んでいた。	Cさん
⑩	彼氏が「コンビニで待ってて」と言うのでコンビニで待つ事にする。コンビニの中で男が商品か何かに火をつけたのを目撃！！向かいの違うコンビニに移動して逃げる。そして，彼氏が到着し，「向かいのコンビニ火事になったんだよ」といい，「知ってるよ。だって…」と犯人のことを話そうとする。	Bさん
⑪	一戸建ての家にカーテンを締め切り，斜め前の家の人が発砲してくるので家の中で身を潜めていた。	Bさん
⑫	玉木宏と部屋でイチャイチャしているところに彼氏がやってきて，「何もやましいことしてないから」と私が真剣に言うと「わかってる」と納得してくれた。	Bさん

表 Ⅲ-2-15　具体的な夢内容

(2) 異性の登場や遊び場面が多いことから、フロイトのいうように性欲の充足願望がとらえられた（とくに　▶表Ⅲ-2-15 ④⑤⑦）。また、それらの夢はフロイトの唱えたペニス願望 penis envy であると解釈できた。

(3) また、青年期的な自己の再生と解釈できる夢（▶表Ⅲ-2-15 ③⑧⑨）も登場した。しかし、最も注目すべき点は、「危険な内容」（8個）　▶表Ⅲ-2-14 と「おそいかかる、

おそいかかられる」(11個)の夢と、場面②⑩⑪ ▶表Ⅲ-2-15 のように火事、戦争、沈没といった被害的な、破壊的な夢が多いという特徴があげられる。ヒステリー特性をもつ現代青年女子の無意識世界には、ウィニコットがいう人生早期における母親による心の侵害impingementからくる「破滅不安」、あるいはビオンのいう心にうけいれがたいβ要素が潜んでいるのであろうか。

今後の課題
(1) 多くの夢内容から、「破滅不安」やβ要素が潜在しているのかをとらえてみること。
(2) 臨床現場における青年女子の転換ヒステリーケースの夢内容をとらえてみること。
(3) ロールシャッハテストなどの投影法の心理テストを用いて、青年女子でヒステリー特性のある者の「破滅不安」の検証をしていくこと。

コラム 7　土居健郎

1920年に東京で生まれ、両親はプロテスタントのクリスチャンであった。思春期は、宗教に関心を示し、東京大学医学部卒業を控える頃、カトリックに改宗し、ホイヴェルス神父に出会う。戦後、内科医として勤務していたが、30歳代に東京大学医学部精神科へ入局し、その後、古澤平作から精神分析療法を学ぶ。30歳代から40歳代まで「甘え理論」を展開し、「甘え」概念を通して社会文化現象をふくめた日本人の特徴や精神病理を説いた。「甘え理論」は、海外でも知られ高い評価を受けている。臨床の場としてアメリカと日本の聖路加国際病院を行き来し、わが国に精神分析の地位を確保した貢献は大きいと思われる。

テーマ 9
第3部の結果からとらえた現代青年の心の深層

　テーマ①からテーマ⑧までの研究は、筆者ひとりで行ったものであり、あくまでも予備研究にすぎない。現代青年の心はどのような特徴をもつかについてをテーマ①からテーマ⑧までの結果を、以下のようにまとめて推察してみた。

　テーマ①より、現代青年は、エリクソンのいうようなアイデンティティの危機に直面したり、ブロスのいうような親からの自立に悩む者は少なく、むしろそれらの課題を回避している点がうかがえた。

　テーマ②より、現代青年は、大人（中年期の者）よりも自我の強さの程度は弱いことがうかがえた。

　テーマ③より、心的現実という観点からフロイトのいうように幼児期の親イメージは、青年期の危機に影響を強く及ぼしていることがうかがえた。

　テーマ④より、青年男子どうしによるピア・カウンセリングでは逆転移が生じやすく、それは上下の関係になりやすいからではないかという点がうかがえた。

　テーマ⑤より、サリバンがいうほどには前思春期のChumの存在はその後の対人関係に大きな影響を与えていないことがうかがえた。

　テーマ⑥より、フロイトのいうエディプスコンプレックス、ユングのいうエレクトラコンプレックスは、現代青年の場合、中学2年生男子の約30％、中学3年生女子と高校2年生女子の約20％に潜在しているのではないかということがうかがえた。

　テーマ⑦より、現代青年の約半数は、男性的な父親イメージを抱いているものの、残りの青年はさまざまな父親イメージを抱いており、また、母親イメージについては、現代においては、固定したものはなく、多彩なイメージを抱いていることがうかがえた。

　テーマ⑧より、ヒステリー特性をもつ青年女子の夢内容からフロイトのいうように性欲の高まりや過去へのこだわりがうかがえたものの、ウィニコットのいう「破滅不安」が心に潜在しているのではないかという点がうかがえた。

　以上の要約から、推察をさらに推察していくと、以下のような点があげられる。

(1) 現代青年は、青年期において自我同一性を確立したり、親から自立していくという意識が乏しく、時をかけて自然に自我同一性や自立を達成しているのではないかと思われる。
(2) 現代青年は、自我は弱く、未熟な者が多いであろう。
(3) 現代青年の親子関係のあり方は、フロイトの時代のように強い父親とやさしい母親に囲まれた親子関係の者が約半数、フロイトの時代とは異なる母親を中心とした親子関係の者が約半数という割合ではないかと思われる。
(4) 現代青年は、無意識世界の深層には強い攻撃性や破壊性を潜めているが、意識水準の現実世界ではそれを表現しにくい特徴や表現手段が成熟していない点があると思われる。

以上、筆者の予備研究から、今後、若い臨床家や研究者によるさらなる仮説や実証的研究の展開が望まれる。

コラム 8　現代の対人関係の問題；山あらしジレンマ

ショーペンハウエル（Schopenhauer, A.）の寓話のなかに「山あらしが寒いので互いに寄りそうが、互いのもつトゲが痛く、適当な距離を見つけるのに葛藤が生じる」という場面があり、「山あらしジレンマ」という語がついた。フロイトは、ある期間持続した二人の対人関係を形成すると親密な関係から拒絶し敵対する感情が生じてくると述べた。現代人は、この山あらしジレンマをもっている。愛情関係をもつと自分を失い相手にのみこまれる不安があり、親密さへの恐怖や隔たりを保つ努力をしている。現代人は、とくに携帯電話やパソコンを用いてこの山あらしジレンマをなんとか克服しようとしている。

あとがき

　"わかりやすく""明瞭に"ということにこだわって、本書を書き終えました。精神分析療法の各流派の専門家の方々にとっては、本書の記述のなかには、正確さに欠けている、あるいは理解の仕方が間違っている点があるかもしれません。筆者としては、できる限り正確に表現したつもりです。ご批判があればご指摘いただきたく思っています。

　臨床心理士へスーパーヴィジョンをしている経験から感じるところでは、今日の臨床家は、読んだ内容のスキルを即実行できるテキスト、つまり即効性のあるものに価値を置いているようです。それは、料理でいうとファーストフードを食べるようなものです。しかしながら、そうしてその場の空腹を満たすのではなく、プロの料理人が何日も考えて煮込んだ懐石料理を味わってみることも、大切だと思います。

　精神分析は、本書で述べているように、歴史と多くの経験にもとづいた理論であり、実践です。必ずしも実証的研究の成果のみが臨床実践に役立つわけではありません。理論は、臨床実践にもとづくものであり、臨床実践は、実証することによってさらに精緻化されていきます。

　本書では、精神分析の「理論」「実践」「実証」を三位一体として"わかりやすく"説いたつもりです。この"わかりやすく"という意味については、「通俗的 vulgarize」というよりも「納得がいく recognizable」というところに力点を置いて説いたつもりです。

読者の皆さまから「ほんとうはこんな本が欲しかった」と喜んでいただけることを願っています。

　また、この場を借りて、拙い筆者に対して若い頃より精神分析療法についてご指導くださった前田重治先生へ、また、本書の調査にご協力いただいた多くの学校の生徒・学生・教員の皆さまへ、心より感謝申し上げます。
　また、刊行にあたり活水学院のご支援をいただきました。感謝いたします。筆者はこれからも、臨床活動もさることながら、大学教員として本来の研究や教育業務を果たしていこうと思っています。
　本書の編集にあたっては、創元社の津田敏之氏に御尽力いただきました。深謝申し上げます。

長尾　博

用語解説

阿闍世コンプレックス ajase complex

　日本人の深層心理を知るうえで古澤平作が、1932年に提案したコンプレックスである。インドの古い物語から由来している。夫の愛を不足とする母親（イダイケ）は、仙人の子（アジャセ）を出生する。アジャセは成長し、自分の出生の秘密を知ってその恨みから自分の両親を殺害しようとする。父親は亡くなり、その後悔の念に責められたアジャセは病を患う。その時、生き残った母親（イダイケ）は、アジャセを献身的に看病し、アジャセは救われるという物語である。

　フロイトのいう男児がもつ父親に対する敵対心とその罪悪感を有するエディプスコンプレックスに対して、母親に対する恨みとその罪悪感（ゆるしとざん悔の心）を有するコンプレックスである。このコンプレックスは、日本人の治療関係や母子関係において示されやすいという。つまり、母子一体感の願望とその罪悪感、また、女性の、女としての愛欲から母なるものへの成長過程が特徴である。

甘え理論 amae theory

　土居健郎によって示された日本人の心性を明らかにした理論である。土居は、森田療法における「とらわれ」を甘えたくても甘えられない心に起因しているととらえ、この甘えは、バリントのいう「受身的対象愛」、つまり乳児のように母親に一方的に依存する関係に相当するという。それは、発達的に乳児が母親へ一体感をいつまでも求める欲求から出発しており、自立して「自分がある」状態を否定し、対人的に依存を求めることをいう。土居は、この甘え理論によって、とらわれ、対人恐怖、被害感、同性愛傾向などを説明している。

エディプスコンプレックス oedipus complex

　フロイトが提案したコンプレックスである。男根期（3歳～6歳頃）に男児がもつ母親を愛し父親を憎しみ、その罪悪感を抱くというコンプレックスのことをいう。その命名は、ソフォクレスのエディプス王の物語に由来する。

　デバイの王ライオスとその妻イオカステの子として出生したエディプスは、「将来、この子は父親を殺し、母親を妻とする」というアポロンの神託を信じた両親から殺害されそうになる。そこでエディプスは、放浪の旅に出て、その途中で実父ライオスとは知らず、言い争いになって実父を殺害する。その後、デバイの英雄となり、実母とは知らずにイオカステを妻とする。デバイの国は、その後、災難が続き、エディプスはその原因が自分が実父を殺害し、実母を妻としたことによることに気づく。エディプスは、絶望のあまり、自らの目を突き刺し盲目となったという物語である。

　ユングのいうエレクトラコンプレックスも不倫をした母親に対する激しい憎しみとその罪悪感を現したエレクトラ女王のギリシア神話に由来している。

快感原則 pleasure principle

　フロイトが名づけた原則。一般にヒトは不

快を避け快を得ることを目的とする。この場合、不快とは興奮の増大をいい、快とは、その減少をいう。乳児は、欲動の即時的、直接的満足を得ようとし、それがかなわない時には不快を示す。しかし、自我が発達すると現実に即応する能力ができて不快に耐えて後に満足を得るようになる。つまり、快感原則から現実に従っていく現実原則 reality principle を形成していく。

フロイトの快感原則は、フェヒナー（Fechner, G. T.）の心的装置は、その内在する興奮の量をできるだけ低く、あるいは少なくとも恒常的に保っておくように働くという恒常の原理 conservation of energy から発している。

フロイトは、快感原則だけでは説明がつかない反復強迫、つまり何度もみる悪夢、ばかげた行為のくり返し、遊戯療法でのくり返される不快、苦痛をともなう遊びについてを死の本能によって説明していこうとした。とくにフロイトは、恒常原則は死の本能に由来しているとし、それが生の本能（快感原則）と結合したものとしてサディズム sadism やマゾヒズム masochism を取りあげた。

解釈　interpretation

クライエントが、自分の心について洞察できるように導く治療者のことばをいう。精神分析療法家によって解釈のとらえ方は異なっている。解釈は、クライエントによる質問に対する応答ではない。フェレンチは、治療者が上から立ってクライエントの深層を解明する発言の解釈を嫌った。今日、クライエントに自己直面、問題に対して直面させる直面化 confrontation や心の整理をさせる明確化 clarification も解釈と同義に用いられている。

フロイトは、クライエントと自由に漂うふたりの空間から前意識水準から発する治療者のことばを解釈といった。また、ウィニコットは、治療者によるクライエントの心の理解の表明を、サリバンは、治療者によるクライエントの心のある部分の指摘やクライエントの心の要約のことを解釈といっている。クライエントにとっては、治療者の解釈は鋭利な刃物にもなるので伝達の仕方や伝達内容については訓練、教育が必要である。つまり、クライエントとのラポールの程度、クライエントの解釈を受け入れる心の準備や治療者による解釈の早すぎもせず、遅すぎないタイミングやその発言量についてを学習していかなければならない。

クラインなどは直接的な解釈を行っているが、「私が思うには…」とか「私が感じたのは…」、「おそらく…では」など前置きをいれることや間接的ないい方の解釈発言が一般的である。

実証的研究の結果では、転移についての解釈は、治療効果を生み、内容解釈、つまりクライエントのエス領域内容についての解釈は治療関係を停滞させること、また、誇大自己のクライエントには解釈をすると治療は中断しやすいことが明らかにされている。

教育分析　training analysis

個人分析 personal analysis ともいう。精神分析療法家になる臨床家が自分自身を知るためにあるいは精神分析療法の体得のために1対1で訓練を受けることをいう。フロイトは、治療者としての心の幅や偏りのないように個人分析を受けることを勧めている。また、自らの夢を通して自己分析をすることもよいといっている。

教育分析の問題点は、治療者が、その指導のあり方、及び協会や制度に順応、依存しがちであり、特定の学派や固定したセクトを形成しやすいことがあげられる。ストレンガー（Strenger, C.）は、教育分析を受けることによってその治療者による治療効果が必ずしも上がるということはまだ実証されていないという。しかし、わが国の臨床心理士は、教育分析以前に面接の方法について基本的なスーパービジョンを受ける必要がある。

共感　empathy

他者の感情をその人の身になって感じ取り、理解することをいう。ホフマン (Hoffman, M. L.) によれば、(1) 他者の内的世界（思考、感情、知覚、意図）を認知的に気づくことと (2) 他者に対する種々の情緒的反応の2つをいう。オースベル (Ausubel, D. P.) は、他者のもつ価値観やパーソナリティをふくめて社会的共感性 social empathy という語を用いた。共感と似た語である同情 sympathy は、自他未分化な感情の一体化を意味し、同一化 identification は、無意識的に他者の属性を取り入れることを意味する。ヒトは、6歳頃には他者の気持ちがかなり推測できるようになるといわれている。臨床領域では、来談者中心療法のロジャースが、治療者の態度として重視している。それが強調されるあまり、禁欲的献身的態度や自己放棄的態度と誤解され、わが国の代表的な臨床心理士は、フロイトが愛他主義を嫌ったことと同一化して、講演などで共感を軽視する発言が多い。

しかし、実証的研究の結果では、治療効果の中の治療外要因をふくめた多くの要因のうちで共感要因は、約10％以上の効果を生じさせることが明らかにされている。

精神分析学派のうち、自己心理学派や間主観性論学派も共感を重視し、コフートは、共感をもうひとりの精神内界を経験することと定義し、ロジャースのいう感情 affect 中心の共感よりも無意識世界をふくめた共感を提案している。共感は、訓練によっても高められることが実証されており、今日の臨床心理士は、迷うことなく今よりも共感の訓練が必要である。

口唇期　oral phase

口愛期ともいい、フロイトは、発達段階の第1段階として取りあげた。口唇、舌など口を中心とした皮膚感覚が主要な性的快感を与える時期のことをいう。生後1歳半までを指す。アブラハムは、口唇期を前期と後期に分け、前期は、自他未分化で乳児の内的世界では母親との対立や愛や憎しみといった衝動はないととらえ、後期は、乳歯が生え始め、自他の区別ができ、対象（母親、乳房）に対する破壊衝動と対象を破壊してしまう恐怖心をもつ口唇期サディズムの時期ととらえた。対象関係論のクラインは、口唇期全体を口唇期サディズムの時期ととらえ、妄想的分裂態勢が生じるという。

精神分析療法の各学派は、フロイトのいう口唇期の発達卜の重要性を取りあげ、この口唇期の固着による病理として、摂食障害やアルコール依存症、過度の喫煙、うつ状態、依存的パーソナリティをあげ、また、土居のいう甘えの心理もこの時期から出発しているととらえている。

行動化　acting-out

クライエントが治療中にことばを用いる代わりに行動によって自己表現を行う現象、及び治療中に解決すべき治療過程で生じたさまざまな感情や欲求を治療場面外のところで言動によって表すことをいう。たとえば、治療者への暴力、贈りものを治療者へ渡す、抱きつく、治療場面以外の場で会うことなどがあげられる。

人の心の表現形態は、夢、イメージ、ことば、身体症状、精神症状、行動とさまざまあるが、フロイトは、行動化は、反復くり返し、自己洞察することを回避しやすいものとして否定的にとらえた。一方、フェニケル (Fenichel, O.) は、行動化は無意識的に内的緊張を緩和し、部分的な解放をもたらすとして肯定的にみた。

行動化と症状行為との区別は、行動化は転移から生じやすく、自我親和的 ego syntonic で一定の目的をもった行動であることが多い。

グリナッカー (Greenacre, P.) は、幼児期よりことばによる表現をしていない者が行動化しやすい点をあげ、また、ゼリグス (Zeligs, M. A.)

は、治療場面でのクライエントの行動をアクティングインといい、治療場面外の行動をアクティングアウトとして区別した。現代青年は、衝動コントロールの欠如によって行動化を示すことが多い。

肛門期　anal phase

フロイトのいう発達段階の第2段階での肛門の括約筋が発達し、大便の保持と排出が調節できる時期をいう。1歳半頃より4歳頃をいう。

この時期は、自己のコントロール能力（能動的にふるまうか受動的になるか）を形成することが課題となる。エリクソンは、この時期をきまった形で排便をするという「法と秩序」の感覚が芽ばえるといい、アブラハムは、対象を排泄し破壊しようとする時期と対象を体内にとどめて所有しようとする時期に分け、この差から強迫神経症とうつ病の退行の相違を論じた。

固着　fixation

心理-性的発達が円滑にいっていない状態でリビドーがある発達段階にとどまって停滞していることをいう。フェニケルによれば、固着は本能的な満足の経験にもとづき、人が不安や欲求不満に直面した際に固着した時点へ退行することによって再保証や恐ろしい衝動を抑圧することを助けるという。フロイトは固着点の位置によってリビドーの退行が決定されるととらえ、うつ状態は口唇期固着、ヒステリーは性器期固着、強迫神経症は肛門期固着としてみた。また、アブラハムは、精神病は口唇期固着としてとらえている。

メイヤー（Maier, N. R. F.）は、ネズミの学習実験からリビドーの固着に対して欲求阻止を契機とする目標のない固着反応として異常固着 abnormal fixation という語をあげている。

アレキサンダーは、心理療法とは固着を取り除くことである、といっている。

支持　support

レオナルド・ダ・ヴィンチの芸術の方法には、覆いをつける方法と覆いをとる方法とがあることをフロイトは心理療法にたとえて、覆いをつける方法、つまり治療者の積極的な働きかけによってクライエントの心を支え、適応力を強化する方法のことを支持療法という。この支持療法にも再保証、説得、助言、暗示、再教育などがある。

一方、覆いをとる方法としては、洞察をめざす療法、表現させる方法とがある。

今日の精神分析的心理療法では、洞察をめざす療法よりも支持療法や表現させる方法が治療効果を生むことが明らかにされている。とくに支持の効果としては、治療者による解釈による衝撃をやわらげるクッションとしての機能やクライエントが前進的、向上的になることがあげられる。しかし、治療者による支持が過剰な場合には、クライエントの自主性の妨げや治療者との別れや治療の終結のあり方に問題点を残すことが多い。

自尊心　self respect

自分が周囲の人々にとって有用で価値のある存在であるという主観的感情を自尊感情 self-esteem という。自尊感情が低いと要求水準や達成動機も低減する。しかし、あまりにもそれが高いと自己愛に浸り、社会的不適応に陥りやすい。日常的生活では、自尊感情のことを自尊心ということが多い。乳幼児期の母子関係によって自尊感情の基盤が形成され、児童期、青年期では他者との比較によって確立される。

一般に自尊感情は男子のほうが女子よりも高く、小学生時は高く、次第に低くなり、青年期後半には安定していくといわれている。

サリヴァンは、対人関係において合理的自尊心、つまり他者の自尊心を認めるほどに自己の自尊心を受けいれることを重視している。コフートのいう誇大自己は他者による客観的

な評価を除外した高い自尊心のことをいう。

死の本能　thanatos

フロイトが、晩年、生の本能と対置される概念として提示した用語である。この用語そのものは、弟子のシュテーケル (Stekel, W.) が最初に述べたといわれている。もとの無機物にもどろうとする傾向と自己、あるいは他者を破壊しようとする傾向のことをいう。本能という語を用いず死の欲動と訳したほうがよいという臨床家もいる。

フロム (Fromm, E.) は、死の本能は涅槃原則、つまり興奮をできるだけ減少させ、それをなくしたい傾向にもとづくといい、死の本能のもつ破壊性を否定したが、メニンガー (Menninger, K. A.) は、現代人のもつ破壊衝動の強さを取りあげ、生の本能による中和を説いた。クラインは、人生最早期の乳児のもつ母親の乳房を対象とした羨望は、死の本能にもとづくといい、それは人のもつ不安の起源であるという。精神分析では、自殺、自傷行為、戦争、暴力などを人のもつ死の本能によって説明することが多い。

社会構成主義　social constructionism

21世紀を迎える頃、既存のパーソナリティ理論や心理療法論に行き詰まりを感じる臨床家も増えてきた。人の自己はあまりにも肥大すぎたのではないか、プライバシーを重視するあまり公共のモラルは低下したのではないか、そもそも一貫した自己というものが存在するのかという問題が投げかけられた。

社会構成主義では、自己は流動的、断片的であり、社会的な交流や談話の過程であるととらえる。また、無意識世界は恣意的で無秩序であり、探求すべき内容はないととらえる。この考えから、ナラティブ療法 narrative therapy や解決志向療法 solution focused therapy は展開していった。

心的現実　psychic reality

フロイトが、神経症の治療において重視した用語である。客観的事実や物理的事実に対立するその人なりの主観的現実のことをいう。それは、願望や欲求から発することが多い。

ゲシュタルト心理学では、地理的空間に対する生活空間のことを、ロジャースの来談者中心療法では自己概念、あるいは準拠枠 frame of references のことを、行動療法では非合理的信念 irrational belief がこれにあてはまる。

フロイトは、クライエントの心的現実にもとづく空想、幻想をクライエントの自我の現実吟味能力によって、客観的事実に戻すこと（洞察すること）を治療目標とした。

自我心理学派のようにクライエントの適応をねらう場合には心的現実よりも現実吟味能力を強化し、対象関係論学派や間主観性論学派のように関係性を重視する場合にはクライエントの心的現実そのものを軽視せず治療関係の媒介にしていく。

生の本能　eros

フロイトが死の本能と対極的にあげた概念である。エロスとは、統一を形づくる、維持する、結合することを意味する。自己保存の本能と性の本能の二つをいう。

性の本能は性欲動ともいい、フロイトによれば乳幼児期より発現し、そのエネルギーであるリビドーは、口唇期、肛門期、男根期へと充当していき、6歳頃から12歳頃までの潜伏期 latent period に抑圧され、思春期に再び性器を中心に充当していくという。このように、潜伏期を中間に入れて性欲動の展開をみていく説を二相説という。フロイトは、神経症は性目標倒錯のネガ（陰画）ととらえた。

自己心理学派は、フロイトの性欲動の発達から人をみていくとらえ方を放棄し、自己の発達を自己対象との関係からみていく。

前意識　preconscious

意識されていないが、思い出そうとすれば思い出すことができる心の領域をいい、無意識と意識の間に存在している。無意識と前意識の間には検閲があり、無意識の内容は意識に入ることができないが、前意識と意識との間には検閲がないから、自由に通ることができる。

ハルトマンは、前意識を正常な自動性のある場であるととらえ、発動筋の行動や知覚や思考も自動化を示すという。

また、キュービーは、前意識の（1）学習過程で意識的に行ったもの（例，吸乳）、（2）直感的で創造的機能がある、（3）意識過程の緩慢な干渉なしに情報を直接受けいれて利用することの3つの特徴をあげている。彼によれば創造的な人は偶然的である方法で自由に前意識を使う能力のある者という。前意識の豊かな働きをもたらすのは、放心状態、睡眠中、白昼夢、自由連想法を行っている状況時が多い。

退行　regression

一定の成熟をした者が、より早期の発達段階に戻り、その段階で満足を得ようとすることをいう。精神分析では欲求不満や葛藤からくる不安が退行の契機となり、欲求の過度な満足または不満をもたらした固着点へ戻るととらえる。

クリス（Kris, E.）によれば退行にも遊び、趣味、スポーツ、レクリエーションなどの健康的で創造的な退行と、フロイトの神経症論でいう病的な退行とがあり、治療的退行 therapeutic regression とは、その中間にある退行であり、この退行をきっかけに葛藤の解決、洞察、退行からの進展が生じるという。バリントは、この治療的退行についてクライエントの内的問題の認識に向かう退行を良性とし、本能衝動の満足に向かう退行を悪性として区別している。

また、ユングは退行のもつ心の中で再統合する試み（再生）を重視している。ビオンは、集団心理療法過程で集団的退行を取りあげ、長い沈黙、メンバーの私語、治療中の眠気を例とし、集団的退行の一時的な発生は重要であるという。

男根期　phallic phase

エディプス期 oedipus phase ともいう。フロイトの発達段階の第3段階で3歳から6歳頃までをいう。自分や他者に男根があるかどうかということに興味を示し、男児の場合、女児における男根の不在の知覚は、自分も男根を奪われるのではないかという去勢不安 castration anxiety を生み、女児の場合は、男根を奪い返したいという男根羨望 penis envy を生むという。男児の去勢不安は、エディプスコンプレックスにもとづくものであり、父親からの処罰や威嚇を恐れ、父親に同一視することで母親への性愛を抑圧する。このことによって、父親の権威が自我に取りこまれて超自我の中核が形成されるという。

女児の場合には、男根がないことを気づくことによって（1）性愛一般を拒否する神経症になる、（2）反抗的自己主張をして男らしさを誇張する、（3）受動的となり女らしさを身につけるようになるの3方向に発達が分かれるという。

男根期は、男女差が顕在化することから服装倒錯、醜貌恐怖、赤面恐怖、同性愛、オナニー嗜癖といった問題が発生しやすい時期でもある。ライヒは、この時期にリビドーが固着すると男根期的自己愛性格 phallic narcissistic character、つまり自己顕示的で傲慢、弾力的で活発で精力旺盛な性格が形成されるといった。対象関係論学派は、男根期をそれ自体独立したものとしてみている。

治療構造　therapeutic structure

何かを初めて行う場合、形を知って始めるか、あるいは内容（実）を知って始めるかの

どちらを重視するかは大きな課題である。

エクスタイン（Ekstein, R.）は、治療関係を規定する治療者とクライエントとの交渉様式を構造といった。治療構造とは治療者とクライエントの交流を規定するさまざまな要因と条件が構造化されたものをいう。この考え方は、精神分析療法独自なものであり、これに似た用語として来談者中心療法では場面構成 structuring という語があり、これは治療者とクライエントが面接の枠づけを行い確認することをいう。

治療構造とは、具体的には、治療期間、場所、料金、回数、治療方法、治療対象、守秘義務、禁欲原則などを決めていく枠組みのことをいう。

洋の東西によって形（構造）から入るか、実から入るかは異なってくる。東洋の文化として形にこだわらず自然に任せ、自然に入っていくことが尊重される。わが国では、来談者中心療法やユング流の心理療法が容易に取り入れられたのもこのような背景があると思われる。しかし、あまりにも治療構造にこだわったり、それに拘束されるとフェレンチのいうように治療関係は非人間的で暖かさに欠けるものになりがちである。

わが国のスクールカウンセリングの現状については、クライエントの情報を親、教師などに公表したり（守秘義務を軽視しやすい）、面接場面外でカウンセラーとクライエントがカラオケに行ったり、ボーリングをしたり、あるいはひとりのクライエントにつき複数のカウンセラーを担当させたり、不意の訪問面接を行ったりしている場面の話をよく聞く。この現状は、人間的関わりを深める以前の問題であり、心の専門家としてクライエントの本当の福祉に役立てるカウンセリングを行うためには精神分析のいう治療構造をスクールカウンセリング場面でもう少し活かしてほしいものである。

治療者としての分別　the discretion as therapist

フロイトは、医師としての分別という語を用いてクライエントを自分の気にいるように治療者自身の似姿にクライエントを仕立てあげてはいけないと戒めた。

治療者としての分別とは、治療者としての倫理観をもつこととフロイトのいう治療者としての中立性を保つことを意味する。

中立性とは、社会的、宗教的、道徳的価値に対して中立であることをいい、特定の理想に従って面接を進めたり、クライエントを教育することではない。また、治療者はクライエントに対してどういう人物かを具体的に示さず責白なスクリーンとなってクライエントが自らの心に気づくよう促していくことをいう。しかし、このような治療者とクライエントとの自我境界の隔たりは人間的な関わりのない治療関係となりやすい。したがって、今日の精神分析的心理療法は、知性よりも情動、情緒的絆を、ことばよりも非言語的交流を重視していることから治療者としての分別という語を用いる際、治療者としての倫理観をもつことをいう場合が多い。

抵抗　resistance

自己探求の妨げとなるものを抵抗という。自由連想の停滞、解釈に対する無反応など心理療法の過程で現れてくる自己探求を拒むような動きをいう。抵抗は無意識そのものが示しているのではなく、自我または超自我によることが多い。

治療者が、クライエントの抵抗を暗示や説得するのではなく指摘（解釈）をしてクライエント自身の内面に気づかせることを抵抗分析という。その解釈は、自我の表層から、また抵抗そのものの解釈から始めることがよいとされ、ラポールが形成されていない場合には、治療者からのみこまれる不安が生じやすく、また、抵抗があまりにも強いクライエントに対しては支持療法や行動療法が有効であるといわれている。

ストレイチー（Strachey, J.）は、変容性解釈

mutative interpretation といって、(1) まず、クライエントにクライエントのもつ欲求や感情が直接、治療者に向けていること、つまり転移に気づかせること、(2) クライエントのもつ欲求や感情は心の中の対象（人生早期の母親）に向けているのであって、現実の対象に向けているのではないことに気づかせることをあげている。そのためには、治療者は寛容で慈悲深い、力強い補助超自我 auxiliary superego になってあげる必要があり、その結果、クライエントの超自我はやさしいものへと変容していくという。

転移　transference

クライエントの過去の重要な人物（とくに母親や父親）との対人関係が治療者との関係に移されることをいう。転移される内容は、情動、葛藤、空想、態度、行動、防衛機制などが多い。

転移にも陽性転移と陰性転移とがあり、前者は親密感情や性愛感情を示し、後者は攻撃、反抗、敵意、憎しみを示しやすい。治療上で支障をまねくのは性愛感情を示す転移と陰性転移である。

フロイトは、治療者が中立的態度で関わるとクライエントの転移は明確にとらえやすいといい、ユングは、ラポールが成立していない時やぎこちない関係が続く時に転移が生じるといい、また、ロジャースは、クライエントが自分自身に注意を向ける手綱を離すと転移が生じやすいといっている。

クライエントの転移を気づかせることを転移分析という。それは、クライエントの本能満足を治療者が満たしてあげるのではなく、クライエントにそれらの転移から生じている感情や欲求は過去の重要な人物へ向けられていたものであることを気づかせることである。フェニケルは、転移分析においてクライエントのペースにのみこまれないこと（ゲームに参加しない）をあげ、ウィニコットは何か間接的な対象を用いて転移についてを取りあげることをあげている。

シンガー (Singer, E.) は、転移について、(1) 神経症のクライエントは転移が生じやすい、(2) 治療者の支持によってクライエントの潜伏した衝動や感情が生じやすい、(3) クライエントの幼児的欲求をあきらめさせようとする治療者の役割がクライエントのもつ幼児期からある親への陰性感情を賦活させる、(4) 治療者の中立的態度が、クライエントのもつ親への畏怖の感情をよみがえらせることの4点をあげている。

同一化　identification

人がある一面、また多くの面において他者と同じように考え、感じ、ふるまうことを通して、その対象を内在化する意識的、無意識的な心理過程をいう。人の超自我は、この同一化によって初めて形成されるという。

フロイトは、同一化について、(1) 対象に対する感情的結合の根源である、(2) 対象を取り入れることによってリビドー的対象結合の代用物になる、(3) 性衝動の対象ではない他者との新たにみつけた共通点のあるたびごとに生じることの3点の特徴をあげている。日常生活では、(1) は、人の気持ちの共感、(2) は、亡くなった人の形見を大切にすること、(3) は、新たな人との出会いなどの例があげられる。

シーガルは、「同一視」を自他未分化な時期において生じる母親の乳房を自己の一部とみなすような第1次同一視と、自他の区別ができた時期において生じる対象そのもの、あるいはその属性を自己へ取り入れる第2次同一視とに分けた。前者を同一視、後者を同一化として区別することもある。

クラインは、同一視と取り入れ introjection とを区別するために投影性同一視をあげた。取り入れは、取り入れる対象のある面が自己に向かって動くこと、同一視は、自己が他者へ向かって動くこととの違いがある。取り入

れは、フェレンチが最初に取りあげたといわれており、取り入れによって外界の対象との関係は、想像された精神内界の対象関係へと変容することになる。

投影性同一視　projective identification

　自我がある程度できあがる時にみられる抑圧 repress という防衛機制以前の防衛機制であり、クラインのいう妄想的分裂態勢 paranoid schizoid position のうえに起こる。

　すなわち分裂した自我のよい部分、あるいはわるい部分を対象に投影し、その投影されたよい部分、わるい部分を自我の一部と同一化し続け、対象に対し自我の一部と同じ愛着的、あるいは攻撃的態度をとり続ける機制のことをいう。

　クラインがあげたこの防衛機制は、フロイトが対象を自我理想の代わりにするほれこみについてふれている点やアンナ・フロイトのいう攻撃者との同一視や愛他主義にヒントを得ているといわれている。

　ローゼンフェルト（Rosenfeld, H.）は、投影性同一視がもつ（1）コミュニケーションの手段、（2）心的現実の否認、（3）治療者への万能的コントロール、（4）羨望への対処、（5）寄生的対象関係、（6）幻想や妄想の一つの形態の6つの用途をあげている。

　とくに治療においては、治療者が逆転移を明らかにし、次いでクライエントに与える解釈内容を考える時に役立つ防衛機制である。つまり、クライエントが自分の心の中にかかえきれないわるいもの（感情や欲求）を治療者へ投げかけ、それを治療者があたかも自分のものとして体験し、治療者はそのわるいものを受け入れ難い状況になる時、その内容はクライエントの否認され、投影されたものであると解釈していくのである。

　今日では、ジェイコブス（Jacobs, T. J.）のいう逆転移からのエナクトメント（enactment, 演じること）といって治療場面での治療者の逆転移内容の洞察によってクライエントの投影性同一視の内容を吟味していく方法が注目されている。

洞察　insight

　行動に影響している自分自身や環境の諸要因を理解することをいう。多様な意味があり、（1）直観力や勘を意味する、（2）問題解決に関する認知的洞察、（3）感情、動機づけ、対人関係にともなう情動的洞察の3点がある。

　心理療法では、症状の原因と結果の関係を自覚し、それらと自分との関わりなどに深く気づいて理解することをいう。自己洞察には、自分の行動パターンの洞察、行動の意味の洞察、行動の原因の洞察の3つがある。精神分析療法は、自己洞察できれば無意識世界のエス領域にふり回されることなく適応できるという命題にもとづいている。洞察は、突然に生じるものと認知的洞察を経て情動的洞察に達するものの2つがある。

　サリバンのいう自覚 awareness やユングのいう無意識の自己と意識の自我との同化 assimilation は、洞察の意味に近い。洞察をめざす心理療法を行う場合には、ある程度の自我の強さのクライエント、ラポールが治療を始めて半年内で形成されていること、クライエントに治療動機づけがあることが条件とされる。

　フェレンチは、心理療法において洞察は容易には生じにくいといい、1900年から1970年代にかけてのアメリカでの実証的研究の結果から洞察療法の治療効果の乏しさ（再発しやすい）が指摘されている。パラノイア、希死念慮、否認が強い、誇大自己のクライエントには洞察療法は適さない。

参考文献

第Ⅰ部　図解でまなぶ理論

chapter 1　精神分析のはじまり

❖精神分析の入門書として
　外林大作　フロイトの読み方　誠信書房
　小此木啓吾　フロイト　NHKブックス
　鈴木晶訳　フロイト　講談社

❖フロイトの業績について
　フロイト著作集　全8巻　人文書院
　フロイド選集　全17巻　日本教文社
　フロイト全集　全22巻　岩波書店
　フロイトの生涯について
　竹友安彦ら訳　フロイトの生涯　紀伊国屋

chapter 2　精神分析とは？

　西園昌久　2001　精神分析療法　加藤正明ら編　精神医学事典　弘文堂
　小此木啓吾　1985　現代精神分析の基礎理論　弘文堂
　鑪幹八郎監修　1998　精神分析的心理療法の手引き　誠信書房

chapter 3　精神分析の考えかた

　Freud, S. 1933 Neue Folge der Vorlesungen zur Einführung in die Psychoanalyse. 古澤平作訳　1953　続精神分析入門　フロイド選集3　日本教文社
　井村恒郎　1954　フロイド「自我論」あとがき　フロイド選集4　日本教文社
　Kubie, L. S. 1950 Practical and theoretical aspects of psychoanalysis. International Universities Press. 土居健郎訳　1950　精神分析への手引き　日本教文社
　前田重治　1985　図説臨床精神分析学　誠信書房
　前田重治　1994　続図説臨床精神分析学　誠信書房

chapter 4　精神分析の展開

　Adler, A. 1927 Menschenkenntnis. Hirzel.
　Ferenczi, S. 1926 Further contributions to the theory and technique of psychoanalysis. Hogarth Press.

Herman, J. L. 1992 Trauma and recovery. Basic Books. 中井久夫訳　1996　心的外傷と回復　みすず書房
Horney, K. 1939 New ways in psychoanalysis. Norton.
Jung, C. G. 1952 Gezammelte Werke von C. G. Jung. Band 1-18. Rascher Verlag.
Mitchell, S. A. & Greenberg, J. R. 1983 Object relations in psychoanalytic theory. Harvard University Press. 横井公一監訳　2001　精神分析理論の展開　ミネルヴァ書房

1　対人関係論学派

Sullivan, H. S. 1953 The interpersonal theory of psychiatry. Norton. 中井久夫ら訳　1991　精神医学は対人関係である　みすず書房
Sullivan, H. S. 1954 The psychiatric interview. Norton. 中井久夫ら訳　1986　精神医学的面接　みすず書房
Sullivan, H. S. 1956 Clinical studies in psychiatry. Norton. 中井久夫ら訳　1983　精神医学の臨床研究　みすず書房

2　対象関係論学派

Bion, W. R. 1961 Experiences in groups. Tavistock. 池田数好訳　1973　集団精神療法の基礎　岩崎学術出版
Bion, W. R. 1962 Learning from experience. Heinemann. 福本修訳　1999 精神分析の方法 I　法政大学出版会
Bion, W. R. 1967 Second thoughts. Maresfield Library. 松本邦裕監訳　2007　再考：精神病の精神分析論　金剛出版
メラニー・クライン著作集　1～5　誠信書房
Segal, H. 1964 Introduction to the work of Melanie Klein. Basic Books. 岩崎徹也訳　1976　メラニー・クライン入門　岩崎学術出版

3　中間学派

Balint, M. 1968 The basic fault. Tavistock. 中井久夫訳　1979　基底欠損　金剛出版
Fairbairn, W. R. D. 1952 Psychoanalytic study of personality. Tavistock. 山口康司訳　1986　人格の対象関係論　文化書房博文社
Winnicott, D. W. 1958 Through paediatrics to psychoanalysis. Tavistock. 北山修監訳　1989/1990　ウィニコット臨床論文集 I・II　岩崎学術出版
Winnicott, D. W. 1965 The maturation process and the facilitating environment. Hogarth Press. 牛島定信訳　1977　情緒発達の精神分析理論　岩崎学術出版

4　自我心理学派

Bellak, L. et al. 1973 Ego functions in schizophrenia. John Wiley & Sons.
Bowlby, J. M. 1951 Maternal care and mental health. W. H. O. 黒田実郎訳　1962　乳幼児の精神衛生　岩崎学術出版
Erikson, E. H. 1950 Childhood and society. Norton. 仁科弥生訳　1977/1978　幼児期と社会 I・II　みすず書房
Federn, P. 1952 Ego psychology and the psychoses. Norton.
Hartmann, H. 1964 Essays on ego psychology. International Universities Press.

前田重治　1976　心理面接の技術　慶応通信

Mahler, M. S. et al. 1975 The psychological birth of the human infant. Basic Books. 高橋雅士ら訳　1981　乳幼児の心理的誕生　黎明書房

Spitz, R. A. 1957 No and yes. International Universities Press. 古賀行義訳　1968　ノー・アンド・イェス　同文書院

Tausk, V. 1919 On the origin of the influencing machine in schizophrenia, In R, Fliess (Ed) 1948 The psychoanalytic reader. International Universities Press.

5　自己心理学派

Kohut, H. 1971 The analysis of the self. International Universities Press. 水野義信・笠原嘉監訳　1994　自己の分析　みすず書房

Kohut, H. 1977 The restoration of the self. International Universities Press. 本城秀次・笠原嘉監訳　1995　自己の修復　みすず書房

Kohut, H. 1985 Self psychology and the humanities. Norton.

Rogers, C. R. 1942 Counseling and psychotherapy. Houghton.

6　間主観性論学派

Stern, D. N. 1985 Interpersonal world of the infant. Basic Books. 小此木啓吾ら訳　1991　乳児の対人世界　岩崎学術出版

Stolorow, R. D. & Atwood, G. E. 1979 Faces in the cloud. Aronson.

Stolorow, R. D. et al. 1987 Psychoanalytic treatment. The Analytic Press. 丸田俊彦訳　1995　間主観的アプローチ　岩崎学術出版

Stolorow, R. D. & Atwood, G. E. 1992 Context of being. The Analytic Press.

第2部　Q&Aで考える実践

Alexander, F. 1948 Fundamentals of psychoanalysis. Norton.

Bachrach, H. 1993 The Columbia records project and the evolution of psychoanalytic outcome research. Journal of American Psychoanalytic Association, 41, 279-297.

Bion, W. R. 1962 Learning from experience. Heinemann. 福本修訳　1999　精神分析の方法Ⅰ　法政大学出版会

Bowlby, J. M. 1951 Maternal care and mental health. W. H. O. 黒田実郎訳　1962　乳幼児の精神衛生　岩崎学術出版

Braswell, L. et al. 1985 Involvement in cognitive behavioral therapy with children. Cognitive Therapy and Research, 9, 611-630.

Connolly, M. B. et al. 1999 Relation of transference interpretation to outcome in the early sessions of brief supportive expressive psychotherapy. Psychotherapy Research, 9, 485-495.

Crits-Christoph, P. et al. 1988 The accuracy of therapists' interpretations and the outcome of dynamic psychotherapy. Journal of Counseling and Clinical Psychology, 56, 490-495.

de Shazer, S. 1988 Clues. Norton. 小野直文訳　1994　短期療法解決の鍵　誠信書房

Edwards, C. E. & Murdock, N. L. 1994 Characteristics of therapist self-disclosure in the counseling process. Journal of Counseling and Development, 72, 384-389.

Ferenczi, S. 1926 Further contributions to the theory and technique of psychoanalysis. Hogarth Press.
Fonagy, P. et al. 1999 An open-door review of outcome studies in psychoanalysis. International Psychoanalytical Association.
Freud, A. 1936 The ego and the mechanisms of defense. Hogarth Press. 黒丸正四郎ら訳　1982　自我と防衛機制　岩崎学術出版
Freud, S. 1900 Die Traumadeutung. Fischer Verlag. 高橋義孝ら訳　1954/1969　夢判断（上下）フロイド選集　11．12．日本教文社
Jourard, S. 1971 Self-disclosure. Wiley & Sons.
Kernberg, O. 1976 Object relations theory and clinical psychoanalysis. Jason Aronson. 前田重治監訳　1983　対象関係論とその臨床　岩崎学術出版
北山修　2003　話すことの役割と限界　精神分析研究，47, 281-288.
Kline, M. 1932 The Psychoanalysis in children. Hogarth Press. 衣笠隆幸訳　1997　メラニー・クライン著作集2　誠信書房
Kohut, H 1977 The restoration of the self. International Universities Press. 本城秀次・笠原嘉監訳　1995　自己の修復　みすず書房
Leeman, C. 1975 Outcome criteria in psychotherapy research. T, Mogstad. & F, Magnussen. (Ed) What is psychotherapy? Basel.
前田重治　1985　図説臨床精神分析学　誠信書房
Malan, D. H. 1969 A study of brief psychotherapy. Plenum Press.
Mann, J. 1973 Time-limited psychotherapy. University Press.
McNeiley, C. & Howard, K. 1991 The effects of psychotherapy. Psychotherapy Research, 1, 74-78.
妙木浩之　2002　エディプスコンプレックス論争　講談社
Moreno, J. L. 1914 Einladung zür einer Begegnung. Helt, 1, Anzengruber Verlag.
長尾博　1989　初期青年期患者に対する治療的関わり方と治療者に対する同一化過程との関連について　精神分析研究, 32, 369-377.
長尾博　2005　図表で学ぶアルコール依存症　星和書店
長尾博　2008　やさしく学ぶカウンセリング　金子書房
長尾博　2010　三訂学校カウンセリング　ナカニシヤ出版
長尾博　2010　心理・精神療法ワークブック　誠信書房
Ogden, T. 1994 Subjects of analysis. Jason Aronson. 和田秀樹訳　1994　あいだの空間　新評論社
小此木啓吾　1964　精神療法の理論と実際　医学書院
Piper, W. E. et al. 1991 Transference interpretations, therapeutic alliance, and outcome in short-term individual psychotherapy. Archives of Genaral Psychiatry, 48, 946-953.
Rank, O. 1952 The trauma of birth. Robert Brunner.
Rogers, C. R. 1942 Counseling and psychotherapy. Houghton.
Schneider, K. 1923 Die psychopathischen persönlichkeiten. Deuticke. 懸田克射訳　1954　精神病質人格　みすず書房
Segal, H. 1981 The work of Hanna Segal. 松木邦裕訳　1988　ハンナ・スィーガル論文集　岩崎学術出版
Sifneous, P. E. 1979 Short-term dynamic psychotherapy. Plenum. 丸田俊彦ら訳　1984　短期力動精神療法　岩崎学術出版
Stern, D. N. 1985 Interpersonal world of the infant. Basic Books. 小此木啓吾ら訳　1991　乳児の対人世

界　岩崎学術出版

Sullivan, H. S. 1953 The interpersonal theory of psychiatry. Norton. 中井久夫ら訳　1991　精神医学は対人関係である　みすず書房

Tisseron, S. 2005 Psychanalyse de l' image. Dunod.

Watkins, C. E. Jr. 1990 The effect of counselor self-disclosure. The Counseling Psychology, 18, 474-500.

Winnicott, D. W. 1958 Through paediatrics to psychoanalysis. Tavistock. 北山修監訳　1989/1990　ウィニコット臨床論文集Ⅰ・Ⅱ　岩崎学術出版

Yalom, I. D. 1970 The theory and practice of group psychotherapy. Basic Books.

第3部　エビデンスからさぐる心の深層

Fonagy, P. et al. 1999 An open door review of outcome studies in psychoanalysis. International Psychoanalytical Association.

Gunderson, J. G. 1984 Borderline personality disorder. American Psychiatric Press. 松本雅彦ら訳　1988　境界パーソナリティ障害　岩崎学術出版

Jaspers, K. 1913 Allegemeine Psychopathologie. Springer. 内村祐之ら訳　1953/55/56　精神病理学総論　上中下　岩波書店

Jones, E. E. 2000 Therapeutic action. Jason Aronson. 守屋直樹・皆川邦直監訳　2004　治療作用　岩崎学術出版

Luborsky, L, & Crits-Christoph, P. 1990 Understanding transference. Basic Books.

Main, M. & Goldwyn, R. 1998 Adult attachment scoring and classification systems. University California.

三宅由子ら　1989　DIB第2版　精神科治療学, 4, 1279-1286.

守屋直樹　2007　精神療法過程Qセット（POS）日本版の作成過程とその臨床応用可能性　精神分析的精神医学, 2、41-47.

Roth, A. & Fonagy, P. 1996 What works for whom? Routlege.

鈴木菜実子　2010　精神分析の効果とは何か　精神分析研究, 54、149-162.

Shneidman, E. S. 1949 Some comparisons among the four picture test, thematic apperception test, and make a picture story test. Journal of Projective Techniques, 13, 150-154.

Spranger, E. 1924 Psychologie des Jugendaltes, Wiesbaden, Quell & Meyer.

Szondi, L. 1974 Lehrbuch der Expellimentellen Triebdiagnostik. Huber. 佐竹隆三訳　1964　実験衝動診断法　日本出版貿易

Wallerstein, R. 2006 The relevance of Freud's psychoanalysis in the 21st century. Psychoanalytic Psychology, 23, 302-326.

Westen, D. & Shedler, J. 1999 Revising and assessing Axis Ⅱ, Part Ⅰ. American Journal of Psychiatry, 156, 258-272.

テーマ①

Barron, F. 1953 An ego strength scale which predicts response to psychotherapy. Journal of Consulting Psychology, 17, 327-333.

Blos, P. 1962 On adolescence. Free Press.

Cattell, R. B. 1965 The scientific analysis of personality. Penguin Books.

Erikson, E. H. 1959 Identity and the life cycle. Psychological Issues, 1, 1-171.

Freud, A. 1936 The ego and the mechanisms of defense. Hogarth Press. 黒丸正四郎ら訳　1982　自我と防衛機制　岩崎学術出版

Kretschmer, E. 1949 Psychotherapeutische studien. Thieme.

長尾博　2005　青年期の自我発達上の危機状態に関する研究　ナカニシヤ出版

鑪幹八郎編　1984～2002　アイデンティティ研究の展望Ⅰ～Ⅵ　ナカニシヤ出版

テーマ②

Bellak, L. K. et al. 1973 Ego functions in schizophrenics, neurotics, and normals. Wiley.

Burns, D. P. 1991 Focusing on ego strength. Archieves of Psychiatric Nursing, 5, 202-208.

Funk, S. C. & Houston, B. K. 1987 A critical analysis of the hardiness scale's validity and utility. Journal of Personality & Social Psychology, 53, 572-578.

Klopfer, B. et al. 1951 Rorschach Prognostic Rating Scale. Journal of Projective Techniques, 15, 425-428.

長尾博　2007　自我強度尺度作成の試み　心理臨床学研究，25，96-101．

鈴木菜実子　2010　精神分析の効果とは何か　精神分析研究，54，149-162．

テーマ③

Freud, S. 1905 Drei Abhandlungen zur Sexualtheorie. Fischer Verlag. 懸田克躬訳　1953　フロイド選集5　日本教文社

宮下一博　1991　青年期におけるナルシシズム的傾向と親の養育態度・家庭の雰囲気との関係　教育心理学研究，39，455-460．

Rutter, M. 1981 安定性とコンピテンスに関する発達初期の問題　J. S. Bruner, & A. Gorton. (Ed) 子どもの成長と発達（寺田晃監訳　新曜社）

Symonds, P. M. 1939 The psychology of parent-child relationship. Appleton Century. 宮城音弥訳　1968　性格　岩波書店

Weinfield, N. S. et al. 1997 Early attachment as a pathway to adolescent peer competence. Journal of Research on Adolescence, 7, 241-265.

テーマ④

Beretta, V. et al. 2007 Are relationship patterns with significant others reenacted with the therapist? Journal of Nervous and Mental Disease, 195, 443-450.

Connolly, M. B. et al. 1996 Varieties of transference patterns in psychotherapy. Journal of Consulting & Clinical Psychology, 64, 1213-1221.

Ferriera, A. E. & Rosen, M. 1983 Therapeutic relationship in psychotherapy-psychoanalytic modality. M. J. Lambert (Ed.) Psychotherapy and patient relationship. Dow Jones-Irwin.

Gelso, C. J. et al. 1997 Transference, insight, and the course of time-limited therapy. Journal of Counseling Psychology, 44, 209-217.

Gelso, C. J. & Hayes, J. A. 1998 The psychotherapy relationship. Wiley.

長尾博　2011　同姓どうしのピア・カウンセリングにおける転移，逆転移及び自我の変化に関する研究　活水論文集，54, 1-12

Rogers, C. R. 1951 Client-centered therapy. Houghon.

Ryan, V. L. & Gizynski, M. N. 1971 Behavior therapy in retrospect. Journal of Consulting & Clinical Psychology, 37, 1-9.

テーマ⑤

Bolognini, M. et al. 1989 From the child to the young adult. Social Psychiatry & Psychiatric Epidemiology, 24, 179-186.

Deutsch, H. 1944 Psychology of women 1. Grune & Stratton.
Gjerde, P. F. & Block, J. 1991 Preadolescent antecedents of depressive symtomatology at age 18. Journal of Youth & Adolescence, 20, 217-232.
Mannarino, A. P. 1976 Friendship patterns and altruistic behavior in preadolescent males. Developmental Psychology, 12, 555-556.
Sullivan, H. S. 1953 The interpersonal theory of psychiatry. Norton. 中井久夫ら訳　1991　精神医学は対人関係論である　みすず書房

テーマ⑥

馬場謙一　1975　エディプス・コンプレックス　加藤正明ら編　精神医学事典　弘文堂
Freud, S. 1928 Dostojewski und Vatertotung. Fisher Verlag. 高橋義孝ら訳　1970　フロイド選集5　日本教文社
Friedman, S. M. 1952 An empirical study of the castration and oedipus complex. Genetic Psychology of Monographs. 46, 61-130.
Jung, C. G. 1913 Versuch einer Darstellung der Psychoanalytischen Theorie. Rasher Verlag.
宮城音弥　1956　心理学小事典　岩波書店

テーマ⑦

Bochmer, R. & Halpern, F. 1945 The clinical application of the Rorschach test. Grune & Stratton.
福井義一ら　2008　ロールシャッハ・テストにおける父親・母親図版解釈仮説の妥当性に関する研究　心理臨床学研究, 26, 549-558.
村上英治　1957　ロールシャッハ・テストにおける人間関係に関する研究（1）　名古屋大学教養学部紀要, 2, 1-10.
田中富士夫　1960　ロールシャッハ・カードの象徴的意義　ロールシャッハ研究, III, 171-185.
田中富士夫　1966　ロールシャッハの「父親カード」と「母親カード」のセマンティック・ディフェレンシャル法による意味構造について　金沢大学文学部論集哲学篇14、29-50.

テーマ⑧

Bion, W. R. 1962 Learning from experience. Heinemann. 福本修訳　1999 精神分析の方法Ⅰ　法政大学出版会
Freud, S. & Breuer, J. 1893 Über den psychischen Mechanismus der hysterischer Phänomene. Vorläufige Mittelung. 懸田克躬訳　1974　フロイト著作集7　人文書院
Schneider, K. 1923 Die psychopathischen persönlichkeiten. Deuticke. 懸田克躬ら訳　1954　精神病質人格　みすず書房
Winnicott, D. W. 1965 The maturation process and the facilitating environment. Hogarth Press. 牛島定信訳　1977　情緒発達の精神分析理論　岩崎学術出版

テーマ⑨

Blos, P. 1962 On adolescence. Free Press.
Erikson, E. H. 1950 Childhood and society. Norton. 仁科弥生訳　1977/1978　幼児期と社会Ⅰ・Ⅱ　みすず書房
長尾博　2009　第42回日本カウンセリング学会大会記念講演

索　引

＊ゴシック体の数字は 巻末「用語解説」の項目名として掲載されていることを示す

❖事項索引

ア

愛他主義	88, 135, 140
愛着理論	56
阿闍世コンプレックス	110, 132
甘え（理論）	88, 127, **133**, 135
アルコール依存症	81, 82, 135, 145
α要素（機能）	45, 46
安心	28, 36-37, 50, 89
安定操作	38
移行対象	48, 49
いじめ	75, 111
異常固着	136
意志療法	34
依存欲求	86-88
一次過程	21, 23, 27
一者心理学	35
偽りの自己	50
EBM	94
イマーゴ	58, 59
イメージ	36, 37, 46, 47, 49, 50, 53, 66, 79, 89-92
AAI	97
ACS	100, 107, 108, 115, 116
エス	12, 21, 22, 23, 24, 25, 27, 31, 43, 52, 54, 64, 78, 96, 97, 99, 106, 134, 141
SWP-200	97
SD法	121
エディプスコンプレックス	9, 11, 28, 29, 30, 41, 57, 58, 85, 101, 118-120, 128, **133**, 138, 145, 148
MMPI	124
エレクトラコンプレックス	101, 119, 118, 120, 128, 133
オーガナイジング・プリンシプル	66, 67

カ

快感原則	12, 21, 23, 27, **133**
解決志向療法	83, 137
解釈	18, 19, 41, 42, 44, 61, 75, 79, 80, 83, 84, 85, 88, 114, 126, **134**, 136, 139, 141
解離	36, 37
カウチ	14, 17
科学性	35, 78, 94-98
鏡転移	60, 86
隠れ身	16, 76, 77-80
語り	92
葛藤外の領域	52
葛藤モデル	42, 86, 87
可能性空間	77
かのごとき了解	94
環境調整	56, 74, 75
関係性の病理	62
関係性理論	35
間主観性論学派	36, 62-67, 76, 86, 92, 135, 137
関与しながらの観察	38
記憶回想療法	35
奇怪な対象	37, 45, 46
基底的欠損	50, 51

機能的自己期	58, 59
基本的信頼感	55
基本的想定グループ	42, 43
基本的不安	34
虐待	77
逆転移	16, 17, 18, 56, 78, 84, 91, 111-114, 128, 141
逆転移からのエナクトメント	141
教育分析	**134**
共感	36, 57, 58, 59, 61, 63, 64, 66, 67, 78, 79, 85, 86, 88, 102, **135**, 140
凝集自己	58, 59
局所論	22, 43, 64
去勢不安	28, 138
禁欲原則	16, 139
欠損モデル	42, 64, 87
言語化	53, 67
現実原則	12, 21, 23, 27, 134
後催眠性暗示	97
恒常の原理	134
口唇期	28, 86, **135**, 136, 137
口唇期サディズム	135
行動化	16, 78, 82, 84, 90, 91, **135**
個人心理学	32
個人心理療法	81-82
個性化	114
誇大自己	58, 59, 60, 64, 134, 136, 141
固着	21, 26, 28-29, 60, 106, 135, **136**, 138
ことばの役割	91, 92
コラージュ（療法）	89
コンテイン	45, 46, 79, 102
コンテクスト	62, 63, 64, 67

サ

催眠療法	97
催眠浄化法	106
錯覚	48, 49
サディズム	134, 135
作動グループ	42, 43
ジェンダー論	123
自我境界	53, 54, 139
自我心理学（派）	34, 36, 47, 52-56, 57, 75, 76, 86, 102, 103, 118, 137
自我装置	52
自我の強さ	52, 53, 101, 102, 103, 105, 128, 141
自己愛	12, 21, 22, 28, 30, 35, 57, 59, 81, 84, 88, 136, 138
自己愛的激怒	58, 59
自己愛性パーソナリティ障害	57, 58, 59, 88
思考作用	47
自己開示	80, 81, 82, 88
自己概念	137
自己感の発達 65	
自己心理学（派）	34, 36, 57-61, 62, 63, 66, 76, 79, 86, 135, 137
自己システム	36, 37, 38
自己対象転移	59, 60, 61
自己対象不全	64
支持（療法）	38, 51, 56, 81, 87, 95, 107, 108, 109, 110, 113, 121, **136**, 139, 140
CCRT	111
思春期治療	74
シゾイドパーソナリティ	50
自尊心（自尊感情）	37, 38, **136**
実証的研究	95-98, 99, 111, 129, 130, 134,

	135, 141	接触障壁	45, 46
嫉妬	30, 41	説明	61, 88
死の本能	40, 46, 47, 87, 98, 134, **137**	前意識	22, 79, 85, 134, **138**
自分でない自分	37	前思春期	37, 101, 115-117
社会構成主義	98, **137**	全体対象	40, 41, 53
ジャクソン学説	98	選択的不注意	36
重層的決定論	98	潜伏期	28, 55, 136
集団心理療法	42, 43, 44, 81-82, 138	羨望	28, 40, 137, 138, 141
集団的退行	138	層理論	98
充当	21, 23, 24, 27, 30, 137		
重要な他者	36, 111		

タ

自由連想法	9, 14, 15, 17, 42, 56, 75, 96, 124, 138
主観的準拠枠	62, 63
出生時外傷	34
情動調律	65, 66, 77, 79
侵害	50, 77, 127
神経症	9, 10, 11, 13, 25, 29, 32, 34, 35, 54, 75, 85, 106, 137, 138, 140
心身症	13, 25, 101
心的外傷	29, 35, 77, 79, 84
心的現実	39, 51, 75, 110, 128, **137**, 141
心的空間	77
侵入	55, 66, 125
新フロイト学派	34, 76
心理劇	81
スクールカウンセリング	73, 74, 83, 84, 139
制限内時間的療法	83
成熟した自己愛	58
精神病	13, 25, 50, 85, 136
青年期の危機	99-102, 128
性の解放	34
生の本能	12, 22, 41, 47, 98, 134, **137**
積極的態度	56, 61, 67, 76, 78

対象関係論	32, 34, 35, 39-47, 51, 56, 75, 76, 81, 86, 135, 137, 138, 143, 145
対人関係論	34, 35, 36-38, 76, 86, 143, 148
第二次反抗期	120
代理的内省	61, 79
妥協形成	21, 24, 106
抱っこ	48, 51, 102
脱錯覚	48, 49
短期心理療法（短期療法）	34, 80, 83-85, 111, 144, 145
男根期（エディプス期）	28, 29, 30, 57, 84, 118, 133, **138**
父親イメージ	108, 109, 112, 113, 121-123, 128
Chum（チャム）	37, 101, 115-117, 128
中核自己	58, 59, 60, 64, 65, 66
中間学派	34, 36, 42, 47-51, 88, 143
中立的態度（中立性）	15, 17, 35, 41, 42, 63, 76, 77, 78, 79, 140
超自我（上位自我）	12, 20, 21, 22, 23, 24, 25, 28, 31, 41, 43, 52, 75, 78, 86, 138, 139, 140

直面化	83, 134		
治療効果	80, 81, 82, 84, 94, 95, 96, 103, 105, 134, 135, 136, 141		
治療構造	14, 15, 16, 44, 70, 72, 73-74, 81, 117, **139**		
治療者としての分別	15, 78, 80, 139		
治療的退行	138		
治療同盟	15, 78		
治療目的	95, 96, 103, 114		
償い	39, 41		
出会いのモーメント	67		
DIB	97, 146		
TAT	98, 119		
抵抗	14, 15,19, 20, 87, 95, 139, **140**		
抵抗分析	138		
適応	12, 23, 25, 26, 27, 29, 52, 53, 54, 56, 78, 85, 96, 104, 116, 136, 137, 141		
徹底操作	15, 20		
転移	14, 15, 16, 17, 18, 19, 20, 39, 44, 56, 57, 59, 60, 61, 75, 78, 80, 82, 83, 85, 86, 87, 95, 111-114, 134, 135, **140**, 147		
転移分析	139		
同一化（同一視）	26, 28, 40, 43, 45, 46, 120, 123, 135, 138, **140**, 141, 145		
投影性同一視	26, 40, 43, 45,46, 140, **141**		
統合失調症	36, 41, 50, 54, 81		
洞察	14, 15, 18, 19, 20, 38, 41, 42, 82, 83, 85, 87, 106, 114, 134, 135, 136, 137, 138, **141**		
取り入れ	26, 28, 30, 55, 65, 66, 82, 139, 141		

ナ

二次過程	21, 23, 27
二者心理学	35
二相説	137
涅槃原則	137

ハ

破局的変化	43
迫害不安	40
箱庭	89
パーソナリティ障害	13, 25, 57, 58, 59, 79, 80, 81, 83, 84, 85, 86, 87, 88, 97, 146
発達課題	55, 56
発動者としてのagent	64
母親イメージ	50, 108, 109, 111, 112, 113, 121- 123, 128
破滅不安	50, 127, 128
場面構成	70, 73, 139
パラタキシックな歪み	37
ピア・カウンセリング	111-114, 128, 147
POS	97, 146
ひきこもり	52, 83
非行	75, 81, 90
非合理的信念	137
ヒステリー（特性）	9, 11, 35, 89, 92, 106, 124, 125, 127, 128, 136
否定的能力	44
人みしり	56
不在の乳房	47
不登校	73, 74, 83, 101
部分対象	40, 41
プロトメンタルシステム	43

分析心理学	32, 89
分裂	26, 40, 43, 48, 49, 53, 64, 65, 141
分離−個体化	56, 99
β幕	45, 46
β要素	44, 45, 46, 91, 127
ペニス（男根）羨望／願望	28, 123, 126
変則形態	43
変容性解釈	138
変容性内在化	58, 59, 61
防衛	19, 21, 23, 25-26, 40, 43, 44, 50, 52, 53, 56, 64, 87
防衛機制	25, 26, 40, 43, 53, 140, 141, 145, 147
崩壊不安	58, 59
補償	32
補助超自我	139
母性	48, 49, 50, 51, 55, 77, 102
ほどよい母親	48, 49
本当の自己	50

マ

マゾヒズム	134
満足	23, 26, 27, 29, 36, 37, 40, 50, 57, 134, 136, 138, 140
無意識	9, 11, 12, 14, 18, 19, 20, 22, 23, 25, 29, 32, 36, 45, 46, 52, 59, 64, 66, 79, 80, 90, 91, 94-98, 114, 118, 124, 127, 129, 135, 137, 138, 139, 140, 141
夢想	45, 46, 79
明確化	83, 86, 134
妄想的分裂態勢	40, 41, 42, 43, 135, 141

ヤ

山あらしジレンマ	129
破れ身	76, 77-80
夢	25, 89-92, 124-127, 128, 134, 135,
夢分析	12
幼児期決定論	29, 106-110
抑圧	20, 21, 23, 24, 27, 95, 98, 106, 118, 124, 136, 137, 138, 141
抑うつ態勢	40, 41, 43, 87

ラ

来談者中心療法	61, 111, 112, 114, 135, 137
ラポール	15, 19, 73, 74, 78, 87, 134, 139, 140, 141
力動的心理療法	14, 19, 96
リストカット	89, 90
理想化転移	60, 86
リビドー	11, 21, 23, 24, 27, 28, 30, 31, 32, 54, 86, 136, 137, 138, 140
劣等コンプレックス	32
連結	46
ロールシャッハ	98, 103, 118, 121-123, 127

❖人名索引

ア

アドラー, A.	10, 32
アブラハム, K.	32, 135, 136
アレキサンダー, F.	84, 88, 136
アンナ, O.	106
アンナ・フロイト	10, 34, 75, 88, 99, 141
井村恒郎	22, 142
ウィニコット, D.W.	34, 42, 47, 49, 50, 76, 77, 88, 90, 127, 128, 134, 140, 143, 146
ウェステン, D.	97
エクスタイン, R.	139
エドワーズ, C.E.	80
エリクソン, E.H.	54, 99, 128, 136
エリザベート・フォン・R	106, 124
狼男	106
オグデン, T.H.	92
小此木啓吾	14, 21, 78, 110, 117, 142, 145

カ

ガンダーソン, J.G.	97
神田橋條治	90
カーンバーグ, O.	86, 87
北山修	145
キャッテル, R.B.	102, 103
キュービー, L.S.	16, 138
クライン, M.	34, 39-42, 43, 46, 75, 77, 88, 90, 134, 135, 137, 141, 143, 145
クリス, E.	138
クリッツ-クリストフ, P.	80
グリナッカー, P.	135
グリーンバーグ, J.R.	35
クレッチマー, E.	99
クロッパー, B.	103
ゲルソ, C.J.	111
古澤平作	110, 127, 133
コノリィ, M.B.	80, 111
コフート, H.	34, 57-61, 62, 64, 76, 80, 86, 87, 88, 135, 136

サ

サイモンズ, P.M.	107
サリバン, H.S.	34, 36, 37, 38, 77, 88, 115, 117, 128, 134, 136, 141
ジィズンスキー, M.N.	111
ジェイコブス, T.J.	141
ジェラード, S.M.	80
ジューデ, P.F.	115
シーガル, H.	90, 140
シフニオス, P.E.	83, 84, 85
ジャクソン, J.H.	98
シャルコー, J.M.	9, 10
シュテーケル, W.	69
シュナイダー, K.	89, 125
シュナイドマン, E.S.	98
シュプランガー, E.	99
シュレーバー, D.P.	106
シェドラー, J.	97
ショーペンハウエル, A.	97, 130
ジョーンズ, E.E.	97
シンガー, E.	139
鈴木菜実子	96, 103, 146, 147

スターン, D.N.	35, 65, 66, 77, 79
ストレイチー, J.	139
ストレンガー, C.	134
ストロロウ, R.D.	35, 62, 64
スピッツ, R.A.	56
セリクス, M.A.	136
ソンディ, L.	98

タ

タウスク, V.	54
鑪幹八郎	14, 99, 142, 147
田中富士夫	121, 148
ティスロン, S.	89
土居健郎	88, 110, 127, 133, 135
ドイチェ, H.	115
ド・シェーザー, S.	83
ドラ	106

ナ

長尾博	101, 145, 147, 148
西園昌久	14, 110, 142
ニーチェ, F.W.	97
ねずみ男	106

ハ

ハァーリエラ, A.E.	111
パイパー, W.E.	80
バチェラ, H.	84
バディンター, E.	102
馬場謙一	118, 148
ハーマン, J.L.	35

バリント, M.	51, 133, 138
ハルトマン, H.	52, 138
ハルペルン, F.	121, 122, 123
バーロン, F.	102, 103
バーンズ, D.P.	103
ハンス	106
ビオン, W.R.	42-47, 79, 81, 90, 91, 127, 138
ファンク, S.C.	104
フェアバーン, W.R.D.	39, 42, 47, 49, 50, 90
フェダーン, P.	54, 110
フェヒナー, G.T.	134
フェニケル, O.	135, 136, 140
フェレンチ, S.	34, 78, 88, 134, 139, 141
フォナギー, P.	84, 96
福井義一	122, 148
フッサール, E.	62
ブラスウェル, L.	80
フリース, W.	9, 10
フリードマン, S.M.	119, 120
ブロイアー, J.	8, 9, 106
ブロック, J.	115
ブロス, P.	99, 128
フロム, E.	136
ヘイズ, J.A.	111
ベラック, L.K.	52, 53, 103
ベレッタ, V.	111
ベルネーム, H.M.	9, 98
ヘルバルト, J.F.	97
ボウルビィ, J.M.	56, 77
ボックナー, R.	121, 122, 123
ホフマン, M.L.	134
ホルネイ, K.	34, 123
ボログニィニ, M.	115

マ

マイン, M.	97
前田重治	18, 23, 25, 53, 86, 110, 142, 144, 145
マックネイリィ, C.	84
マーラー, M.S.	56, 65
マラン, D.H.	84, 85
マン, J.	83, 84, 85
マンナリノ, A.P.	115
ミッチェル, S.A.	35
三宅由子	97, 146
宮下一博	107, 147
妙木浩之	75, 145
村上英治	121, 148
メイヤー, N.R.F.	136
メニンガー, K.A.	137
守屋直樹	97, 146
モレノ, J.L.	81

ヤ

ヤスパース, K.	94
ヤーロム, I.D.	82
ユング, C.G.	10, 32, 89, 98, 114, 118, 128, 133, 138, 139, 140, 141

ラ

ライアン, V.L.	111
ライヒ, W.	34, 138
ライプニッツ, G.W.	97
ラカン, J.	91
ラ・ロシュフコー	97
ランク, O.	34, 83
リーマン, C.	84
ルーシー, R.	106
ルッター, M.	110
ルボルスキー, L.	97, 111
ロジャース, C.R.	61, 74, 76, 79, 111, 135, 137, 140
ロシュ, A.	96
ローゼン, M.	111
ローゼンフェルト, H.	141

ワ

ワインフィールド, N.S.	110
ワトキンス, C.E. Jr.	80
ワーラースタイン, R.	95

著者紹介……………………………………………………………

長尾　博（ながお　ひろし）

1976年、九州大学教育学部卒業。
1978年、九州大学大学院教育学研究科修士課程修了。
1981年、九州大学大学院教育学研究科博士課程単位満了中退。
九州大学教育学部助手を経て、現在、活水女子大学文学部教授。
専攻は、臨床心理学、青年心理学、精神医学（医学博士）。

【主な著書】
『現代臨床心理学講座』（ナカニシヤ出版，2001年）
『図表で学ぶアルコール依存症』（星和書店，2005年）
『青年期の自我発達上の危機状態に関する研究』（ナカニシヤ出版，2005年）
『やさしく学ぶカウンセリング　26のレッスン』（金子書房，2008年）
『図表で学ぶ精神保健』（培風館，2008年）
『三訂版　学校カウンセリング』（ナカニシヤ出版，2010年）
『心理・精神療法ワークブック』（誠信書房，2010年）
「ACS青年期危機尺度」（千葉テストセンター）　など

ヴィジュアル 精神分析ガイダンス（せいしんぶんせき）
図解による基本エッセンス

2013年3月20日　第1版第1刷　発行

著　者	長尾　博
発行者	矢部敬一
発行所	株式会社 創元社

http://www.sogensha.co.jp/
本社 〒541-0047 大阪市中央区淡路町4-3-6
Tel.06-6231-9010 Fax.06-6233-3111
東京支店 〒162-0825 東京都新宿区神楽坂4-3 煉瓦塔ビル
Tel.03-3269-1051

装　丁	寺村隆史
印刷所	株式会社 太洋社

ⓒ 2013, Printed in Japan　ISBN 978-4-422-11533-7

〔検印廃止〕
本書の全部または一部を無断で複写・複製することを禁じます。
落丁・乱丁のときはお取り替えいたします。

JCOPY 〈（社）出版者著作権管理機構 委託出版物〉
本書の無断複写は著作権法上での例外を除き禁じられています。複写される場合は、そのつど事前に、（社）出版者著作権管理機構（電話 03-3513-6969，FAX 03-3513-6979，e-mail: info@jcopy.or.jp）の許諾を得てください。